# مواجهة ظاهرة العنف في المدارس والجامعات

أ. علي عبدالقادر القرالة
وزارة التربية والتعليم / الأردن

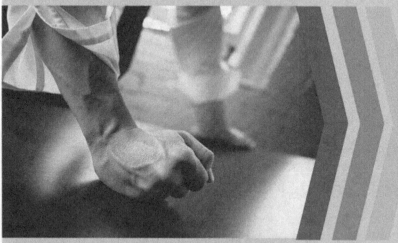

www.alamthqafa.com

**الطبعة الأولى**

**2011م - 1432هـ**

رقم الإيداع لدى دائرة المكتبة الوطنية
(2010/9/3349)

القرالة، علي عبد القادر
مواجهة ظاهرة العنف في المدارس و الجامعات

اسم الكتاب : علي عبد القادر القرالة

تأليف : دار عالم الثقافة للنشر والتوزيع

الناشر : العنف / المدارس / الطلاب

الواصفات :

لا يعبر هذا المصنف عن رأي دائرة المكتبة الوطنية أو أي جهة حكومية أخرى

تم إعداد بيانات الفهرسة والتصنيف الأولية من قبل دائرة المكتبة الوطنية

**دار عالم الثقافة للنشر والتوزيع**

**عمان – الأردن- العبدلي**

**هاتف** 4613465 - 6 – 00962

**جوال** 5553285 - 78 – 00962

**فاكس** 5689113 – 6- 00962

**ص.ب** 927426 – **عمان** 11190 **الأردن**

www.alamthqafa.com

E-mail: info@alamthqafa.com

# مواجهة ظاهرة العنف
# في المدارس والجامعات

تأليف
أ. علي عبد القادر القرالة
وزارة التربية والتعليم - الأردن

دار عالم الثقافة

بسم الـلـه الرحمن الرحيم

# مقدمة

كثر في الآونة الأخيرة الحديث بصورة تدعو للقلق في واقع الأمر عن تفشي ظاهرة العنف في المدارس والجامعات وفي المجتمعات العصرية ومنها المجتمع الأردني حيث يسهل على المتابع المنصف لطبيعة العلاقات الاجتماعية المتبادلة بين البشر على مستوى الحياة الاجتماعية اليومية أن يرصد الكثير الكثير من المؤشرات السلوكية القابلة للملاحظة والقياس والمؤكدة لصحة هذا الواقع جملة وتفصيلاً.

وتجاوباً مع انتشار ظاهرة العنف في المدارس والجامعات وفي المجتمع المعاصر حيث انتقضت مراكز البحوث في كافة دول العالم لتحليل ورصد هذه الظاهرة لتبين مضامينها والأسباب الداعية لها وما يترتب عليها، وسبل الوقاية منها والتغلب عليها بالعلاج الوقائي.

وعلى هذا الأساس فإن العنف في المدارس والجامعات تُعدُّ ظاهرة تؤثر في المجتمع بشكل كبير وتجعله مجتمع غير آمن في تكوينه. وذلك لأن ظاهرة العنف وتعتبر مشكلة اجتماعية اقتصادية علمية. فقد أشارت الشواهد والملاحظات بانتشار أشكال متنوعة من العنف في الآونة الأخيرة بشكل غير مسبوق في مدارسنا وجامعاتنا مما يؤثر على أداء رسالتها التربوية والاجتماعية، وأخطر من هذا كله أنها صادرة عن طلاب المدارس والجامعات، أمل الأمة ومستقبلها إذ تجد طلبة في مقتبل العمر، يحملون الآلات الحادة، وجنازير الحديد، والعصي، والخواتم الملبوسة في الأصابع للكم بها لزملائهم أو للمعلمين في مدارسهم مستخدمين بذلك أبشع أنواع العنف مما يؤدي إلى فقدان الأمن داخل المدارس والجامعات وبالتالي فإن العنف في المدارس والجامعات

بمختلف مظاهره وأسبابه يستدعي الدراسة العلمية المتأنية لإيجاد الحلول له، لأنه العنف الذي ينتج عنه أضرار متنوعة في الكم والنوع، ويعد العنف من معاول الهدم للنظام الاجتماعي، والتربوي، فقد أصبح محور اهتمام الباحثين والقراء، هذه الظاهرة قد استفزت الأقلام الصحفية والرأي العام وبرامج الإذاعة والتليفزيون لتناولها عبر الكتابات أو البرامج الإذاعية والتلفزيونية الحوارية والثقافية.....الخ.

وقد أصبحنا نسمع بين الفينة والأخرى أن هنالك اعتداء طالب جامعي على طالب جامعي أدى إلى قتله أو طالب في المدرسة اعتدى على طالب آخر، أو اعتداء طالب على معلم أو معلم على طالب مما يؤدي ويستدعي إلى تدخل المسؤولين لعلاج هذه المشكلة.

# المؤلف

# الفصل الأول

التعريف بظاهرة العنف المدرسي والجامعي

ومدى صلته بالمصطلحات ذات العلاقة

# التعريف بظاهرة العنف المدرسي والجامعي ومدى صلته بالمصطلحات ذات العلاقة

العنف لغةً:

**جذرها الثلاثي (عَنُفَ) فيقال عَنُفَ به: وعليه - عُنْفاً، وعَنافةٌ أي أخذه بشده وقسوة و لامه وعَيَّرهُ. فهو عنيفٌ.**

**(إبراهيم أنيس 1972-ص631).**

**وقد استخدم أيضاً في بعض المعاجم وكتب المؤلفين من علماء النفس والإجماع بمعنى:**

**الخرق بالأمر، وقلة الرفق به وهو ضد الرفق و أعنف الشيء: اخذه بشده،**

**والتعنيفُ: هو التقريع واللوم.**

**(ابن منظور، 257).**

**ويعرفه الطريحي في مجمعه بأنه الشدة والمشقة ضد الرفق.**

**الطريحيي( 11983:104)**

**ويعرفه أبو هلال العسكري التشديد في التوصل إلى المطلوب .**

**أبو هلال العسكري (1994:241)**

ويعرفه جابر عبد الحميد جابر ، وعلاء الدين كفافي لأنه العدائية والغضب الشديد عن طريق القوة الموجهة نحو الأشخاص أو الممتلكات.

جابر عبد الحميد جابر ، وعلاء الدين كفافي (1996: 38-41)

ويعرفه محمد قلعجي بأنه معالجة الامور بالشدة والغلظة ، والتعنيف هو التعيير واللوم . وتكاد لا تخرج باقي المعاجم اللغوية عن باقي التعاريف مثل: المعجم الوسيط ، ومعجم أساس البلاغة ومعجم المصباح المنير.

محمد قلعجي ( 1988: 323)

وتعرف كلمة (عنف) في اللغة العربية بأنها كل سلوك يتضمن معاني الشدة والقسوة والتوبيخ واللوم والتقريع ، وعلى هذا الاساس ، فإن العنف قد يكون سلوكاً فعلياً أو قولياً ، في حين أشارت الموسوعة العلمية ( Universals ) أن مفهوم العنف يعني كل فعل يمارس من طرف جماعة أو فرد ضد أفراد آخرين عن طريق التعنيف قولاً أو فعلاً وهو فعل عنيف يجسد القوة المادية أو المعنوية.

حسنين توفيق ابراهيم ( 1990: 40)

وجاء في قاموس أكسفورد: بأنه ممارسة القوة البدنية لإنزال الأذى بالأشخاص أو الممتلكات، كما يعتبر الفعل أو المعاملة التي تحدثُ ضرراً جسمياً أو التدخل في حرية الآخرين الشخصية عُنفاً.

(أكسفورد، 221).

وقد عرفه (معجم العلوم الاجتماعية) بأنه استخدام، الضغط أو القوة استخداماً غير مشروع أو غير مطابق للقانون من شأنه التأثير على إرادة فرد من الأفراد (أحمد زكي بدوي، 1978،441) وعرفته (الموسوعة الفلسفية العربية) بأنه فعل يعتمد فاعله إلى اغتصاب شخصية الآخرين، وذلك بإقحامها إلى عمق كيانها الوجودي ويرغمها على أفعالها وفي مصيرها، منتزعاً حقوقها أو ممتلكاتها أو الأثنتين معاً.

(أدونيس،1986،625)

وعرف أيضاً بأنه تعدي التلميذ - أو عدد من التلاميذ على تلميذٌ غيره أو على أحد العاملين في المدرسة بالقول أو الفعل أو تخريب أو سلب ممتلكاتهم الشخصية، مما يدفع بالمعتدي عليه إلى الشكوى أو الاشتباك مع المعتدي، على أن يتم ذلك في الصف أو خارجه في نطاق المدرسة، وتشير إلى أنها استخدمت لفظ (التعدي) لأن هنالك حدوداً وضعتها القوانين والأنظمة

والتعليمات للنظام التعليمي، للتعامل داخل المدارس، وأن هذا النظام يتم الخروج عليه في حالات العنف المتعددة، وأنه يمكن اعتبار الشكوى إحدى دلائل وجود العنف وكذلك يُعتبر الاشتباك هو المظهر الآخر للتعبير عن الاعتداء.

(فاطمة فوزي، 2001،  )

وعرف بالممارسات السلوكية التي يكون أبطالها الطلاب والطالبات، والمعلمين، والمعلمات، شرارتها الغضب ووقودها زيادة الانفعال البعيد عن الحوار باستخدام، اللطم أو الركل، أو الضرب، بالأيدي، أو العصي، أو السلاح أحياناً وبالتالي فإن هذا السلوك يشكل خطراً على حياة هذه الفئة من المجتمع، وتعتبر هذه الظاهرة مشكلة يتأذى منها الشعور الجمعي ولكن لابدّ لهذه الظاهرة من حل حتى لا تتطور مع الأيام.

(عدنان كيفي)

العنف اصطلاحاً:

هو استخدام الضغط أو القوة استخداماً غير مشروع، أو غير مطابق للقانون من شأنه التأثير على إرادة الفرد هذا الضغط والقوة تنشأ به الفوضى فلا يُعترف الناس بشرعية الواجبات ما دامت الحقوق غير معترف بها فتنتشر العلاقات العدائية في المجتمع وتنشأ مجموعات أو تكتلات جماعية تصب عنفها على إرادة الأفراد أو الممتلكات بقصد إخضاع السلطة أو الجماعات الأخرى وقد تجتمع بين الأسلوبين حتى تصبح إرهاباً أكثر عنفا.

ومن خلال هذه التعريفات تبين لي بأنها لا تخلو من النقد وعليها المآخذ التالية:

الأصل في التعريف أن يكون مختصراً وهذه التعريفات طويلة.

لم تذكر التعريفات جميع ألفاظ العنف بل اختصرت على تعريفات قد تؤدي إلى المعنى.

وبالتالي سوف أخرج بتعريف جامع شامل للعنف.

فالعنف: هو إلحاق الأذى بالآخرين قولاً أو فعلاً وما تحمله الكلمة من معنى وبأي أسلوب كان.

أولاً : مفهوم العنف المدرسي عند العلماء بشكل عام

**يكاد يكون من الصعب تقديم تعريف موحد للعنف وذلك لاختلاف اهتمامات وتخصصات الباحثين في هذا الصدد فعلماء السياسة يعرفونه بطريقة مختلفة عن علماء الاجتماع ،وهؤلاء بدورهم يختلفون في تعريفهم له عن طريق علماء النفس ،أو علماء الجريمة والقانون كما انه يعرف أحياناً بطريقة تختلف باختلاف الأغراض التى يراد الوصول أليها ، وباختلاف إلى تعدد الأبعاد والمتغيرات التى تشملها ظاهرة العنف، وفي هذا الخصوص يقول الفيلسوفان جروندى وفينشتين " A.weinstein k.w.Grundy بإنه لا يوجد تعريف دقيق واحد للفظة(عنف)**

( حلمى سارى ، 2001: 25 ) .

**فتناول مفهوم العنف بالتعريف يصاحبه ولا شك العديد من الصعوبات التى تكون في محاولات تعريف مفهوم سيكيولوجي له، تلك المتمثلة في اختلاف الرؤى والمنطلقات الفكرية والأيدولوجيه لكل باحث حول هذا المفهوم ،وعليه نلاحظ أن للعنف العديد من التعريفات التى تعكس موقف الباحثين من القضايا المجتمعية المختلفة، بل تعكس أيضا ردود ومجالات اهتمام المختصين في العلوم الاجتماعية والإنسانية الى اختلاف فروعها.**

(مأمون محمد سلامة 1993 :18) .

**ويشتق مفهوم العنف في اللغة الإنجليزية من المصدر to violate بمعنى ينتهك أو يتعدى . ومن الواضح أن الاشتقاق اللغوى للمفهوم في الإنجليزية والعربية**

على السواء ينصرف إلى الضرب وهذا السلوك الخارج عن المألوف بحيث ينتهك القواعد أو يأخذ الأمور بالشدة والقسوة على حدٍ سواء.

(سيد جاب الله السيد 1998 :259 ).

وعرف قاموس لونج مان (672: 1983 ) Longman العنف بأنه: قوة شديدة في الفعل أو الشعور ،فالعنف مثل الرياح تهب بقوة شديدة ، وعرف أيضاً قاموس اكسفورد (22: 1970) oxford العنف بأنه : ممارسة القوة لإنزال الضرر بالأشخاص أو الممتلكات ،وكل فعل أو معاملة تنصف بهذا تعتبر عنفاً ،وكذلك المعاملة إلتى تميل إلى إحداث ضرر جسمانى أو تتدخل في الحرية الشخصية ، ويعرف العنف في القاموس الفرنسي تحت مصطلح force وهى تعني القوة ،الطاقة، العنف ،الصرامة،القسوة، وهى مرادفة للمصطلح violenc ،وإذا بحثنا في أصل كلمة العنف violence ، من الناحية التاريخية فسنجد أنها مشتقة من الكلمة اللاتينية violoentia وتعنى إظهار عفوياً وغير مراقب للقوة كرد على استخدام القوة المتعمد.

(أحمد المجدوب، 2003: 12 ) .

التعريفات النفسية والاجتماعية للعنف :

العنف هى واحدة من تلك الكلمات التى يعرفها كل شخص منا ،وبالرغم من ذلك فمن الصعب تعريفها وكذلك استخدمها السيكولوجيون وأطباء النفس والعقل وعلماء التربية والاجتماع فهى تغطى مدى واسعاً جداً من السلوك الإنساني .إلا أنه يمكننا القول أن العنف هو وسيلة لإلغاء شخص لآخر،ويصبح العنف بهذا المعنى

**شكلاً من أشكال الاستبداد وتهميشاً وإلغاء دوره أو إلغاءه استنادا إلى ضروب الاستغلال والظلم والعدوان والحرمان والطغيان والفقر والتهميش وعدم المساواة .**

(محمود محمد مصرى 2001: 2) .

التعريفات النفسية والاجتماعية للعنف حسب التسلسل الزمني لتلك التعريفات :

**فيعرف فيليب برنو وآخرون (1985 : 141) العنف بأنه: القوة إلتى تهاجم مباشرة شخص لآخرين وخبراتهم (أفراداً أو جماعات) ،بقصد السيطرة عليهم، بواسطة الموت،والتدمير والإخضاع أو الهزيمة،بينما عرف محمد أحمد بيومى (1992: 100) العنف بأنه سلوك عدواني بين طرفين متصارعين يهدف كل منهما إلى تحقيق مكاسب معينة أو تغيير وضع اجتماعي معين والعنف هو وسيلة لا يقرها القانون .**

**ويعرف فرج عبد القادر طه وآخرون (1993: 550) العنف بأنه : السلوك المشوب بالقسوة والعدوان ،والقهر والإكراه وهو عادة سلوك بعيد عن التحضر والتمدن ،تستثمر فيه الدوافع والطاقات العدوانية استثمارا صريحا بدائيا كالضرب والتقتيل للأفراد، والتكسير والتدمير للمتلكات واستخدام القوة لإكراه الخصم وقهره ،ويمكن أن يكون العنف فردياً (يصدر عن فرد واحد) كما يمكن أن يكون جماعياً يصدر عن جماعة أو هيئة أو مؤسسة تستخدم جماعات وأعدادا كبيرة ،وعرف مأمون محمد سلامة) العنف بأنه : تجسيد الطاقة أو القوى المادية في الأضرار المادية بشخص آخر أو بشئ .**

**وقد عرفت لجنه أمريكية العنف بأنه: سلوك أفراد ضد أفراد آخرين يهددهم أو يوقع بينهم ضرراً فيزيقياً أو يحاول إيقاع هذا الضرر،وانماط السلوك المدرجة في هذا التعريف مدرجة إلى حد كبير في تعريفات العدوان**

. 1993:36 A lbertj. Reiss et.al

**وعرف سعيد طه محمود ، وسعيد محمود عطية(2001: 7) العنف بأنه : الاستخدام الفعلى للقوة أو التهديد لإلحاق الأذى والضرر بالأشخاص واتلاف للممتلكات، وعرف طلعت إبراهيم لطفى(2001: 10) العنف بأنه :الفعل العدوانى الذي قد يقوم به الشباب بهدف إلحاق الضرر الجسماني أو إصابة غيرهم من الأفراد داخل الجامعة وخارجها ،ومن أمثلة هذا الفعل العدوانى الضرب ،أو الصفع على الوجه أو الركل بالقدم، بالإضافة إلى قيام الشباب بتخريب أو تحطيم الممتلكات العامة أو الخاصة سواء داخل الجامعة أو خارجها .**

**في حين يعرف أحمد زايد وآخرون (2002: 9 ) العنف بأنه: سلوك موجه نحو إحداث الأذى بالأخرين فهو يرتبط بكل مستويات الغضب والعدواة والعدوانية، وعرف محمد أحمد العدوى(2002: 416) العنف بأنه: كافة التصرفات التى تصدر عن فرد أو جماعة أو مؤسسة بهدف التأثير على ارادة الطرف الآخر لإتيان أفعال معينة أو التوقف عن أخرى حسب أهداف الطرف القائم بالعنف وضد إرادة الطرف الآخر وذلك بصورة حالية أو مستقلة .**

وعرف أحمد حسين الصغير(1998: 252) العنف الطلابي بأنه: السلوك العدواني الذي يصدر من بعض الطلاب والذي ينطوي على انخفاض في مستوى البصيرة والتفكير والموجه ضد المجتمع المدرسي بما يشتمل عليه من معلمين وإداريين وطلاب وأجهزة وأثاث وقواعد وتقاليد مدرسية والذي ينجم عنه ضرر وأذى معنوي أو مادي .

وعرف مجدى أحمد محمود(1996: 82) العنف الطلابي بأنه: الطاقة التى تتجمع داخل الإنسان ولا تنطلق إلا بتأثير المثيرات الخارجية،وهى مثيرات العنف ،وتظهر هذه الطاقة على هيئه سلوك يتضمن أشكالاً من التخريب والسب والضرب بين طالب وطالب أو بين مدرس و طالب، كما عرف يحيى حجازى،وجواد دويك(1998: 25) العنف الطلابي بأنه: كل تصرف يؤدى إلى إلحاق الأذى بالآخرين ،وقد يكون الأذى جسمياً أو نفسياً فالسخرية والاستهزاء من الفرد وفرض الآراء بالقوة وإسماع الكلمات البذيئة جميعها أشكال مختلفة لنفس الظاهرة .

وعرف السيد عبد الرحمن الجندى (1999: 4) العنف بأنه: أسلوب بدائى غير متحضر يتسم بالعديد من المواقف ذات الصفة الإجرامية التي تنعكس بشكل سلبى على المجتمع ويقف ضد أعرافه سواء من النواحى التشريعية الدينية ، أو الوضعية القانونية ،ونظراً لما يتسم به العنف من استخدام القوة المادية نحو الأفراد والأشياء ،فإنه يعتبر سلوكاً مضاداً للمجتمع باعتباره ضد معايير السلوك المتعارف عليه،ومصالح المجتمع واهدافه.

وعرفت كوثر إبراهيم رزق(2002: 191) العنف الطلابي بإنه استجابة متطرفة فجة وشكل من أشكال السلوك العدواني، يتسم بالشدة والتصلب والتطرف والتهيج والتهجم وشدة الانفعال والاستخدام غير المشروع للقوة ،تجاه شخص ما أو موضوع معين ولا يمكن إخفاؤه وإذا زاد تكون نتيجته مدمرة، ويرجع السبب في ذلك إلى إنخفاض مستوى البصيرة والتفكير، ويتخذ عدة أشكال (جسمية- لفظية-مادية-غير مباشرة) ويهدف إلى إلحاق الأذى والضرر بالنفس أو بالاخرين أو بموضوع ما وهو إما أن يكون فردياً أو جماعياً .

تعليق عام على وجهات النظر الخاصة بتعريف العنف :

ومن خلال تقديمنا لمفهوم العنف في مختلف العلوم (الإجتماعية والنفسية ) وتقديم العنف في نطاق المدرسة يتبين لنا أن للعنف العديد من التعريفات التى اختلفت في معناها باختلاف نوع العلوم المعرفة له، والسبب في ذلك يعود لاختلاف الرؤى والمنطلقات الفكرية لكل باحث حول هذا المفهوم،مما يجعل هناك صعوبة في تقديم مفهوم محدد ووجهة نظر محددة لتعريف العنف وذلك نظراً للاسباب التالية :

- اختلاف وتعدد النظريات التى تفسر السلوك الإنساني .

- السلوك الإنساني سلوك متغير ومتشابك ومعقد لذا تعددت وجهات النظر لتفسير هذا السلوك.مما أدى بالطبع إلى اختلاف وجهات النظر وعدم الاتفاق على تعريف قاطع مانع له.

- تعدد الأبعاد والمتغيرات إلتى تشملها ظاهرة العنف.

- اختلاف الثقافة من مجتمع لآخر فما يعتبر عنفاً في مجتمع لا يعتبر عنفاً في مجتمع آخر .

أمّا بخصوص ظاهرة العنف المدرسي فهي تسجل تفاوتا بمؤسساتنا التعليمية بين منطقة وأخرى وبين مناطق معزولة وأخرى صاحبة الأحياء الهامشية الموجودة في مناطق معزولة وكذلك في الأحياء الهامشية، إذ تظل الظروف الإجتماعية من أهم الدوافع التى تدفع الطالب للممارسة فعل العنف داخل المؤسسات التعليمية ،إذ في ظل مستوى الأسرة الإقتصادي المتدني، وانتشار أمية الآباء والأمهات وظروف الحرمان الإجتماعى والقهر النفسى والإحباط .. كل هذه العوامل وغيرها تجعل هؤلاء الطلاب عرضة لإضطرابات ذاتيه تجعلهم كذلك، غير متوافقين شخصياً واجتماعياً ونفسياً مع محيطهم الخارجي، فتتعزز لديهم عوامل التوتر، كما تكثر في شخصيتهم ردود الفعل غير العقلانية، ويكون رد فعلهم عنيفاً في حالة ما إذا أحسوا بالإذلال أو المهانة أو الاحتقار من أي شخص كان .

ومن هذا المنطلق يجب التركيز على دور التنشئة الإجتماعية وما تلعبه من أدوار طلائعية في ميدان التربية، فعندما تعمل التنشئة الاجتماعية على تحويل الفرد ككائن بيولوجى إلى شخص ككائن اجتماعي، فإنها في الوقت نفسه تنقل ثقافة جيل إلى الجيل

الذي يليه،وذلك عن طريق الأسرة والمدرسة والمؤسسات الإجتماعية الأخرى(1) فالتنشئة الإجتماعية من أهم الوسائل إلتى يحافظ بها المجتمع على خصائصه وعلى استمرار هذه الخصائص عبر الأجيال، وهذه الأجيال وهذه التنشئة هي التي تحمى الطالب من الميولات غير السوية وإلتى تتبدى في ممارسة فعل العنف الذي يتسبب بالدرجة الأولى، في أذى النفس أولاً وأذى الآخرين ثانياً .

(عبد الملك أشهيون ،2003، 5:)

ومن هذا المنطلق وجب التأكيد على أن التربية ليست وقفاً على المدرسة وحدها، وبإن الأسرة هى الوحدة التى يتكون من خلالها النظام الإجتماعى والاقتصادى والسياسى والدينى، وهى مصدر الكثير من الإشباعات التقليدية لأفرادها فهى إلتى تقدم لهم الحب والاحترام والأمن والحماية النفسية والجسدية (سعيد العزة ،2000: 30) .

ثانيا: محددات العنف المدرسي ( Aggression  Deteminants )

2- المحددات الاجتماعية ( social Determinants ) :

(1)- الإحباط: ويعتبر هو أهم عامل منفرد في استثارة العنف لدى الإنسان وليس معنى هذا ان كل إحباط يؤدى إلى العنف هو نتيجة إحباط، ولكي يؤدى الإحباط إلى العنف فلا بد أن يتوفر عاملان أساسيان ( Dollard.al ،1939 ) أولهما : أن الإحباط يجب أن يكون شديداً ،وثانيهما : أن الشخص يستقبل هذا الإحباط على أنه ظلم واقع عليه ولا يستحقه .

(2)- الاستثارة المباشرة من الآخرين : وربما تكون هذه الاستثارة بسيطة في البداية كلفظ جارح أومهين ولكن يمكن أن تتضاعف الاستثارات المتبادلة لتصل بالشخص إلى أقصى درجات العنف .

3-  التعرض لنماذج عنف : وهذا يحدث حين يشاهد الشخص نماذج للعنف في التلفزيون أو السينما ،فإن ذلك يجعله أكثر ميلاً للعنف من خلال آليات ثلاثة هي ( kaplank، sadock،1985) :

أ- التعلم بالملاحظة : (observational learning): حيث يتعلم الشخص من مشاهد العنف إلتى يراها طرقاً جديدة لإبداء الآخرين لم يكن يعرفها من قبل .

ب- الانفلات ( Disinhibition ) :بمعنى أن الضوابط والموانع إلتى تعتبر حاجزاً بين الإنسان والعنف تضعف تدريجياً كلما تعرض لمشاهدة عنف يمارسها الآخرون أمامه على الشاشة .

ج- تقليل الحساسية( Desensitization ) : حيث تقل حساسية الشخص للآثار المؤلمة للعنف إلى يعانيها  ضحية هذا العنف كلما تكررت عليه مشاهد العنف ،فيصبح بذلك أكثر إقداما على العنف دون الإحساس بالألم أو تأنيب الضمير .

2- المحددات البيئية ( Environmental Determinants ):

مثل تلوث الهواء والضجيج والازدحام الخ ..

## 3- المحددات الموقفية ( Situatiional Determinants ) :

الاستثارة الفسيولوجية العالية : مثال لذلك المنافسة الشديدة في المسابقات ،أو التدريبات الرياضية العنيفة ،أو التعرض لأفلام تحتوي مشاهد مثيرة .

الاستثارة الجنسية : فقد وجد أن التعرض للاستثارة الجنسية العالية (كأن يرى الشخص فليما مليئا بالمشاهد الجنسية) يهئ الشخص لاستجابات العنف وعلى هذا الأساس يتهيأ الشخص أن يستجيب للعنف والألم فحين يتعرض الإنسان للألم الجسدى يكون أكثر ميلاً للعنف نحو أى شخص أمامه.

## المحددات العضو:(Organic Determinants) :

الهرمونات والعقاقير : تعزو بعض الدراسات إلى أن العنف ينتج عن ارتفاع نسبة هرمون الأندورجين(الهرمون الذكري) في الدم ،وأن كانت هذه الدراسات غير مؤكدة حتى الآن .

ويؤدي استعمال العقاقير كالكحول والباريتيورات والأفيونات إلى زيادة الاندفاع نحو العنف .

بشكل عام ترتبط زيادة الدوبامين ونقص السيروتونين بالعنف ،في حين أن زيادة السيروتونين والـ ( GABA) تؤدي إلى التقليل من السلوك العنيف .

الصبغيات الوراثية : أكدت دراسات التوائم زيادة نسبة السلوكيات العنيفة في توأم أحادى البويضة إذا كان التوأم الآخر متسما بالعنف ،وأكدت دراسات وراثية أخرى زيادة العنف في الأشخاص ذوى الذكاء المنخفض ،وفي أولئك الذين لديهم تاريخ عائلي للاضطرابات النفسية وهناك احتمال لم يتأكد بشكل قاطع أن الأشخاص ذوى التركيب الكروموسومي xyy يميلون لأن

يكونوا أكثر ميلاً للعنف .

ثالثاً: دوافع العنف المدرسي :

إن ظاهرة العنف المدرسي تمس أغلب المؤسسات التعليمية ،لأنها مرتبطة في نظر العديد من الباحثين بعدة عوامل ،ويرى أحمد حسين الصغير (1998: 244) ان ظاهرة العنف الطلابي في المدارس الثانوية ظاهرة معقدة لايمكن إرجاعها إلى عامل واحد ،فهناك مجموعة من العوامل تشترك في حدوث هذه الظاهرة داخل المجتمع المدرسي، منها الذاتي المرتبط بالجوانب الشخصية للطلاب ومنها البيئي المرتبط بالمجتمع المحيط بالطلاب سواء داخل المدرسة أو خارجها ،فيما يلى أهم دوافع سلوك العنف :

دوافع ترجع إلى الأسرة :

**الأسرة هى الوحدة الإجتماعية الأولى التى ينشأ فيها الفرد ويتعامل مع أعضائها وهى الحضن الإجتماعي بل وتنمو فيه الطبيعة الإنسانية للآنسان ،فقد أكدت الدرسات النفسية أن طابع الشخصية لأى فرد يتكون أولاً من الأسرة إلتى ينشأ فيها، وأن تعاملة مع نفسه وفي عمله وفي المجتمع يتوقف على الطابع الثابت نسبياً الذي تكون في محيط حياته في الأسرة ولا يقتصر أثر التربية الأسرية على شخصية الفرد في طفولته وفي حياته كطفل بل يمتد أثرها إلى حياته كطالب في المدرسة ،أو كصبي في المصنع أو الورشة وفي حياته كفتى أو فتاة وفي أسرته ، كزوج أو زوجه.**

(إيمان فؤاد كاشف ،وابتسام محمد ، 1997: 354) .

**ومن خلا ما تقدم نلاحظ أن أسرة الطالب تلعب دوراً بالغ الأهمية في تشكيل سلوكه فالبحث الأبوى من أكثر العوامل تاثيرا على سلوك الطالب ، فالطالب الذي لم يلق الرعاية الكافية المناسبة من والدية يكون أكثر خلقاً للمشكلات السلوكية من أقرانه الذين يتمتعون بحب والديهم ،فبإمكان الأبوين أن يتحكما في سلوك أبنائهما ويعدلانه عن طريق التحكم في العدائية من السلوك.**

(إيمان فؤاد كاشف وابتسام إسماعيل محمد ) ، (1997: 350) .

**ويحدد البعض كما ذكر أحمد محمد الكندرى(2002: 205- 206) أن أسباب المشكلات الأسرية (ومنها العنف الأسرى) يعود إلى المسببات التالية :**

1. عدم فهم كل من الزوجين لنفسيه وطباع الطرف الأخر حيث أن كثيراً ما نجد كلاً من الزوجين يتمسك برأيه دون مراعاة للرأي الآخر .
2. تظهر الأزمات في بعض الأسر بسبب عمل المرأة وكيفية صرف ميزانية الأسرة، وهل الإنفاق مسئولية الرجل أم مسئولية المرأة أم تشاركية، الأمر الذي يجعل لهذا العامل في بعض الأحيان تأثيراً على العلاقات الأسرية .

هنالك أسباب أخرى تعد من أهم أسباب الأزمات والمشكلات في الأسرة الحديثة هي مدى اهتمام الأسرة بالأبناء، مثال ذلك أنه في المجتمعات الخليجية الحديثة نجد بعض الأسر قد تركت الاهتمام بالطفل للخدم بدلاًمن الأم التي تخلت عن تربية أبناءها.

ومن الأسباب الأسرية أيضاً الزواج الذي ينشأ عن الطمع والكسب المادى أو المعنوي فعندما لا يستطيع أحد الطرفين تحقيق هذه المكاسب تقع المشكلات بينهما .

وقد ترجع الأزمات الأسرية إلى إفرازات الحضارة الحديثة مثل تمتع المرأة بحرية مطلقة تذهب أين تشاء ومتى أرادت وبالتالى قد لا تعرف المرأة الشئ الكثير عن الأسرة مما يدفع الزوج إلى الحد من تلك الحرية فينشأ عن ذلك الخلافات الزوجية .

و يضاف لذلك أن كثيراً من المشكلات والأزمات الأسرية قد يرجع أصلها إلى عدم نضوج عقلية الزوج أو الزوجة بالدرجة الكافية لمواجهة أمور الحياة ،ويمكن إرجاع ذلك إلى الزواج المبكر في بعض الاحيان وعدم قدرة أحد الزوجين على مسؤوليته وأعباء الأسرة اليومية.

دوافع ترجع إلى المجتمع المدرسي :

المدرسة مؤسسة اجتماعية أساسية أوجدها المجتمع نظراً لغزارة التراث التراكمى المعرفي وتعقده لتقوم بتنشئة أبنائه وتربيتهم تربية مقصودة وصبغهم بصبغة مستندة إلى فلسفته ونظمه ومبادئه ومنسجمة معها ،ولهذا المؤسسة خصائصها ومميزاتها التى تميزها عن غيرها من المؤسسات المسئولة عن تنشئة الأجيال .

(محمد عبد القادر عابدين،2001: 41) .

والجو الإجتماعي السليم في المدرسة لا يكون إلا إذا بذلت جهود مقصورة من داخل المدرسة وخارجها ، لخلق مجتمع مدرسي وتنظيمات مدرسية على أحسن أسس ديمقراطية تضمن تكافؤ الفرص أمام الجميع ، ويتمثل الجو الاجتماعي في المدرسة في العلاقات المختلفة القائمة بين مجموع أفراد المجتمع المدرسي من إداريين ومدرسين، وطلاب، ومن يتصل بهؤلاء جميعاً من اولياء أمور الطلاب وبيئتهم التعليمية.

( أبو الفتوح رضوان وآخرون، 1994: 217) .

فقد ينظم الطالب إلى مجموعة من الرفاق أو الأصدقاء المنحرفين أو غير الأسوياء من داخل مدرسته أم من خارجها ،يشجعونه ويوافقونه على السلوكيات المنحرفة داخل المدرسة ،وللانشطة التربوية في مواجهة المشكلات السلوكية وظيفة هامة هى اعادة تأهيل ومساعدة الطلاب المشكلين على تحقيق التوافق بإكسابهم وتزويدهم بمهارات وخبرات نافعة.

(عصام توفيق قمر2002 :262- 264) .

ويشير هالين وكروفت(1962) إلى أن المناخ يعبر عنه بالعلاقات الإنسانية السائدة في العمل وتعتمد العلاقات الإنسانية على ضرورة تفهم حاجات الأفراد والجماعة ،وبالتالى العمل على إجراء التغيرات التى تتحقق مع تلك الرغبات في حدود الأهداف العامة المقررة بحيث يسود تعاون وفهم مشترك بين كل من المسئولين عن الإدارة والعاملين على كافة مستوياتهم من أجل انتاج وكفاية أعلى.

(أحمد إبراهيم أحمد ،1990: 37) .

فالتفاعل أساس كل نظام إجتماعى ،فعندما يلتقي فرد ما بفرد آخرويتعامل معه، فإن كلاً من هما يؤثر في الآخر ويعمل على تعديل سلوكه ومن هنا وجب على كل عضو في المؤسسة إقامة علاقات طيبة مع الآخرين والعمل بروح الفريق في جو من المودة والمحبة وذلك لأن الرضا المتبادل أمر ضرورى في العلاقات والحياة .

(جودت سعادة،وعبد اللـه إبراهيم،1991: 134).

وعلى هذا الأساس يرى عدد كبير من الناس ويعتقد أن النظام التربوى كفيل بتغيير شكل أى مجتمع من المجتمعات وتطوره، ولكن الحقيقة هى أن مهمته في مجتمع

يسوده الفقر والكبت وثقافة الإقصاء هى حمايته والإبقاء عليه، وهذا الأمر يبدو جليا في إخفاق معظم تجارب أنظمتنا التربوية التي عدت حقلاً للتجارب الفاشلة نظراً لما يسود هذه الأنظمة التربوية المفروضة من ارتجالية وفرض لا يحتمل إلا التنفيذ على علاته .

ولقد كان السبب الرئيسي في هذا الإخفاق أن الأنظمة التربوية في الدول العربية لم تأخذ الإنسان بعين الإعتبار كعنصر أساسي ومحورى في أى خطة تنمية في الوقت الذي تؤكد فيه الدراسات العلمية والتجارب المجتمعية أن التنمية مهما كان ميدانها تمس تغيير الإنسان ونظراته إلى الأمور في المقام الأول ،مما يوجب وضع الأمور في إطارها البشرى الصحيح ،وأخذ خصائص الفئة السكانية التى يراد تطوير نمط حياتها بعين الإعتبار ،ولا بد بالتالى من دراسة هذه الخصائص ومعرفة بنيتها وديناميتها ،كما أن أول شئ يثير انتباه المهتم بدراسة قضايا التربية والتعليم في بلادنا العربية هو سيادة ثقافة الصمت في المدرسة، فقد أصبح معتاداً أن ندخل قاعة الدرس ونجد طلابا في حالة صمت مطبق،أو في حالة فوضي عارمة ،وثقافة الصمت هى وسيلة من وسائل الإحتجاج والممانعة ضد كل ما هو مفروض قسراً على الطالب .

إذ أن أزمة كبيرة ناتجة عن مقاومة الطلاب للبرامج الرسمية وهى تغلب جانب الكم على الكيف، مناهج تعليمية عنيفة، عدم تحيين البرامج التعليمية لما هو سائد ففي ظل عدم المبالاة بين المسؤولين بهذه الأوضاع التعليمية المختلة ، في ظل رفض القيام بتغيير حقيقي للبرامج فإن الطلاب من جهتهم يرفضون الإنتاج في إطار البرامج الرسمية ،وهكذا يراوح النظام التعليمي الرسمي مكانه دون جدوى.

تأثير العنف المدرسى على الطلاب :يتضمن الأربعة مجالات الآتية :

أولاً- المجال السلوكى: عدم المبالاة، عصبية زائدة، مخاوف غير مبررة، مشاكل انضباط، عدم قدرة على التركيز، تشتت النتباه، سرقات، الكذب، القيام بسلوكيات ضارة مثل شرب الكحول أو المخدرات، محاولات للانتحار، تحطيم الأثاث والممتلكات في المدرسة، أشعال نيران، وعنف كلامى مبالغ فيه .

ثانياً- المجال التعليمي: هبوط في التحصيل التعليمي، تأخر عن المدرسة وغيابات متكررة، عدم المشاركة في الانشطة المدرسية، والتسرب من المدرسة بشكل دائم متقطع.

ثالثاً- المجال الإجتماعي: انعزالية عن الناس، قطع العلاقات مع الآخرين، عدم المشاركة في نشاطات جماعية، تعطيل سير الجماعة،العدوانية تجاهلا للآخرين

يحيى حجازي وجواد دويك (1998): العنف المدرسى،موقع على شبكة الإنترنت at.www amanjordon org.pp.1-11.

**رابعا- المجال الإنفعالى: انخفاض الثقة بالنفس ،اكتئاب،ردود فعل سريعة،الهجومية الدفاعية في مواقفه ، التوتر الدائم، مزاجية أتجاه الذات ،شعور بالخوف وعدم الأمان، وعدم الهدوء والإستقرار النفسي .**

دوافع ترجع إلى الحالة النفسية للطالب نفسه :

**ومن الأسباب التى تقف وراء ظاهرة العنف التأثير النفسى(السيكولوجى) الذي سكن نفوس بعض الشباب ، فلا شك أن ما يواجه الطلاب المراهقين من إحباطات، ينشئ لديهم الصراعات النفسية وإلتى غالبا ما تدفعهم نحو ممارسة العنف خاصة لما يتسم به المراهقين في هذه المرحلة العمرية من اندفاعية في ضوء عدم التوازن بين دوافعهم وضوابط المجتمع الذي يمثل تحركاً قوياً نحو سلوك العنف ،ومن ثم فإنه عندما تتفشى ظاهرة الفوضي والعنف بين الشباب ،فإن ذلك يرجع إلى عجز الشباب عن ممارسة السلوك الإيجابي، نظراً لعدم إتاحة الفرصة لاستغلال طاقاتهم وممارسة الأعمال الإيجابية ،مما يشعر الشباب بالضيق أذ يدركون أن دورهم يتلخص في الطاعة والإنصات لما يوجه إليهم من الآخرين.**

(السيد عبد الرحمن الجندى، 1999: 120- 13) .

**و بالتالي فمن الخطأ القول أن هذا الطالب أو ذاك مطبوع بمواصفات جينية تحمله على ممارسة العنف دون سواه، أو أن جيناته إلتى يحملها هى التى تتحكم في وظائف الجهاز العصبي لديه، فما قد يصدر عن الطالب من سلوك عنيف له أكثر من علاقة تأثر وتأثير بالمحيط الخارجي، وبتفاعل كبير مع البيئة الجغرافية والإجتماعية التى يعيش الطالب في كنفها ، ذلك أن المؤسسة التعليمية تشكل نسقاً منفتحاً على محيطه**

الخارجي أي على أنساق أخرى: اجتماعية وإقتصادية وبيئية ومن ثم فإن عوائق التربية المفترضة في المؤسسة التعليمية تتفاعل مع العوامل الخارجية بالنسبة للمؤسسة التعليمية في كثير من الأحيان .

هذه المقارنة النسقية للعوائق النفسية والإجتماعية المفترضة في المؤسسة التعليمية تقود من الآن إلى توقع تعقد وتشابك هذه العوائق، وتبعاً لذلك تؤدي إلى تبدد مظاهر البساطة والبداهة في رؤية هذا الموضوع ومقاربته، فالأشخاص حسب العديد من الباحثين يختلفون من حيث استعدادهم للتأثر بتجاربهم،لكن يظل التفاعل بين تراثهم الجيني والوسط المعيشى هو المحدد لطبيعة شخصيتهم، طبعا باستثناء الحالات المرضية فالجينات لا تخلق اشخاصا لهم استعداداً للعنف أو سلوكاً عدوانياً كما لا تفسر سلوك اللاعنف، رغم تأثيرها على فحوى إمكانيات سلوكنا لكنها لا تحدد نوعية استعمال هذه الإمكانيات ،كما يجمع العديد من العلماء كذلك على أن العنف موجود ولكنه مختلف المظاهر ومتنوع الأسباب ،فالكل قد يمارس فعل العنف بدرجة أو بأخرى في يوم من الأيام ، فإذا كانت درجة العنف في الحدود المعقولة كان الإنسان سوياً يتمتع بالصحة النفسيه السليمة، وبإمكانه أن يسيطر بعقله على انفعالاته، وإذا كانت درجه العنف كبيرة عانى الفرد من إضطرابات نفسية وشخصية، وعلى هذا الأساس ، فإن الطالب المراهق يعيدنا الى ضرورة تحديد مفهوم المراهقة ، بما أنها مفهوم سيكولوجي ، يقصد بها المرحلة التي يبلغ فيها الطفل فترة تحول بيولوجي وفيزيولوجي وسيكولوجي ، لينتقل منها الى سن النضج العقلي والعضوي، فالمراهقة إذن هي المرحلة الوسطى بين الطفول والرشد.

( حامد عبد السلام زهران ، 1993:215)

وفي هذا السياق، وهو سياق بناء الذات من منظور الطالب المراهق، لا بد أن تصطدم هذه الذات، الباحثة عن كينونتها، بكثير من العوائق، بدءاً من مواقف الآباء مروراً بموقف العادات والتقاليد وإنتهاء بموقف المعلمين فبالإضافة إلى موقف الأسرة التي عادة ما تكون إما معارضة أو غير مكترثة، فإن سلطة المؤسسات التعليمية غدت هي الأخرى تستثير الطالب المراهق، وتحول دون ممارسته لحريته ، كما يراها هو، وبناء على ذلك نستطيع الحديث عن العلاقة التسلطية ما بين المعلم والمتعلم: فسلطة المعلم لا تناقش، حتى أخطائه لا يسمح بإثارتها، ولا تكون له الشجاعة للإعتراف بها، بينما على الطالب أن يمتثل ويطيع ويخضع الأوامر التي تؤدي في بعض الأحيان إلى تعارض صارخ بين الطرفين، ينتج عنها ردود فعل عنيفة من طرف هذا وذاك ، الأمر الذي تبرزه العديد من الأبحاث التربوية في هذا المجال، والتي ترجع دوافع العنف إلى ذلك التناقض الحاد بين الطالب والمعلم في ظل إنعدام ثقافة الحوار وإيجابيته.

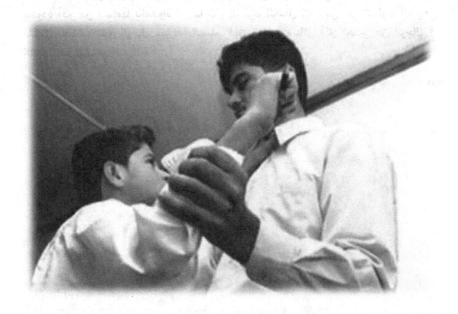

هذه العلاقات التسلطية التي تدور في فلك الفعل ورد الفعل تعزز النظرة الأنفعالية للعالم، لأنها تمنع الطالب من التمرس بالسيطرة على شؤونه ومصيره، وهي المسؤولة عن استمرار العقلية المتخلفة لأنها تشكل حلقة من حلقات القهر الذي يمارس على مختلف المستويات في حياة الإنسان المختلف.

كما تجدر الإشارة إلى أن غالبية الطلاب الذين يمارسون العنف هم ذكور، وقلما تمارس الفتاة عنفا، وهذا الأمر سبق له ان كان موضوع دراسات متخصصة في الغرب، ففي دراسة قام بها هو كانسون  HOKANSON روقبت مستويات ضغط الدم الخاصة بالأفراد عندما كان غضبهم يستثار من خلال سلوك مشاكسة ما يتم على نحو متعمد من جانب بعض الشركاء. وقد لاحظ هذا الباحث أن ضغط الدم الخاص بالرجال المشاركين في التجربة كان يعود بشكل أسرع إلى حالتهم الطبيعية الأولى، إذا عبروا عن غضبهم بشكل صريح، أما بالنسبة للنساء فقد كان ضغط الدم الخاص بهن يعود إلى حالته الطبيعية الأولى على نحو أسرع إذا أتسمت تعملاتهن بالمودة أكثر من اتسامها بالعدوانية، ربما كان السلوك العدائي الخارجي هو السلوك الطبيعي المكمل للغضب لدى الرجال مقارنة بالنساء، فهن يمتلكن وسائل أكثر تحضراً من الرجال في التعامل مع المشاعر العدوانية .

(السيد عبد الرحمن الجندي، 1999: 12-13)

دوافع ترجع الى جماعة الرفاق

عندما ننتقل الى مجال التفاعل مع الأصدقاء، فنجد أن عناصر شخصية الطفل وسلوكياته تكون بواسطة العديد من المؤثرات وإن كانت الأسرة والمدرسة والحي من أبرز تلك المؤثرات، فجماعة رفاق الطفل وأصدقائه لا تقل في الأهمية عما ذكر، بل قد تفوق تأثيرات الأصدقاء باقي العوامل السابقة.

( ابراهيم الطخيس، 1984:136)

وفي هذا الصدد أكد عبد العزيز النغيمشي ( 1990:64) بأن جماعة الأقران هي أحد المصادر المهمة والمفضلة عند المراهقين للاقتداء واستقاء الآراء والأفكار، حيث إن الفرد وهو يتفاعل مع أصدقائه فإنه يراوح نفسه في أنه يميل أولاً إلى العتاب والتصافي، ثم يعرج مباشرة إلى المقاطعة وهي شكل من أشكال العنف الرمزي في تفاعله مع أصدقائه ولجماعة الرفاق أدوار إيجابية كثيرة لها اهميتها في حفظ وضبط سلوك الطلاب ، بل ومساعدتهم على التعليم والتحصيل الدراسي وأعدادهم جسمياً وعقلياً وأجتماعياً وأنفعالياً ، الا أن جماعة الرفاق لا تقوم في دور تربوي أيجابي في جميع الاحيان ، وأنما لجماعة الرفاق وقرناء السوء أدوار غير تربوية من الخطورة بمكان على مستقبل الطلاب وخاصة طلاب التعليم الثانوي.

وأكدت دراسة القحطاني ( 1993) أن أبرز مصادر الثقافة الانحرافية لدى الأحداث المنحرفين هم الأصدقاء وفي الدراسة التي أجراها المطلق ( 1988) على دار الملاحظة بالقصيم ظهر أن نسبة ( 73%) من الأحداث قد ارتكبوا أفعالهم الأنحرافية بمشاركة آخرين .

وقد آشار الدين الأسلامي إلى أهمية الرفقة والصداقة وآثرها في حياة الفرد في اكتساب القيم والسلوكيات والأفكار، فعن أبي هريرة رضي الله عنه أن رسول الله صلى الله عليه وسلم قال: الرجل على دين خليله ، فلينظر أحدكم من يخالل.

(رواه الترمذي)(1)

دوافع ترجع إلى الجوانب الثقافية والإعلامية :

**يرى محمد عبد الظاهر الطيب أن ثقافة المجتمع تطبع شخصياته كمجموعة خصائص وعادات ومفاهيم وأفكار وأنماط من السلوك مغايرة تماماً للثقافات الأخرى وما تتضمنه من أنماط السلوك ، كما أن ما تقدمه السينما ووسائل الإعلام خلال برامجها من أفلام عربية وأجنبية ، يدور معظمها حول البطل العنيف والبلطجي الظريف ، وتعاطي المخدرات ، وعنف العصابات ، وفي تلك الحالة فإن كل ما يشاهده الأبناء غالباً ما يتأثرون به، بل ويقلدون هذا السلوك العنيف إذ أن مشاهدة العنف يولد لديهم اعتقاداً بأن ذلك الأسلوب هو الكفيل لتحقيق رغباتهم وبمواجهة مواقف الحياة ، كما أن ما يعرض من أفلام أو مسلسلات أجنبية ومحلية تعتمد على العنف والبلطجة، فإن ذلك يتخذه الأبناء كأسلوب للتعامل مع الآخرين .**

( السيد عبد الرحمن الجندي ، 1999:12)

**وأسفر أكثر من نصف قرن من البحث العلمي حول التأثير الإعلامي عن اعتقاد واسع بين الباحثين يتمثل هذا التأثير في تقليل الإحساس بالعنف، والموفقة على العدوان، والسلوك العدواني وأشار ماكوبي E-maccoby إلى أن محاولتنا لفصل التأثيرات المختلفة لوسائل الإعلام عن تأثيرات البيئة الأخرى هو أمر صعب للغاية.**

( عادل عز الدين الأشول : 339:1987)

فالعنف في شكل الأفلام قد يحدث عدواناً عن طريق زيادة معدل الاستثارة عند المشاهد، وسجلات البيانات الفسيولوجية أشارت إلى درجات أكبر للاستثارة العاطفية عند مشاهدة الأطفال من 5:4 سنوات للعنف في البرامج التلفزيونية .

(1985:9 ، Alison hill، Geoffrey Barlow)

وبينت الاستقصاءات الأولية التي تمت في إطار payne fund studies أن 22% من المنحرفين يذهبون ثلاث مرات أسبوعياً أو أكثر الى السينما في مقابل 14 % فقط من غير المنحرفين، ومن ثم يمكن استخلاص أنهم تأثروا بـ الشخصية الجذابة التي يتمتع بها رجال العصابات وفي دراسة لتحليل مضمون البرامج والأفلام الموجهة للأطفال، من خلال تحليل مستوى مشاهد العنف في التلفزيون أن هناك على الأقل 5 أحداث عنف في الساعة ويزيد المعدل من 20 الى 25 حدثاً في الساعة في البرامج والأفلام الموجهة للأطفال وأفلام الكارتون خاصة يوم السبت صباحاً فعلى حد تعبير جورج جربنر gorge greener وهو أحد الخبراء في مجال دراسات التليفزيون وأثره على سلوك الأطفال إن برامج وافلام الأطفال التلفزيونية أصبحت مشبعة بالعنف .

( أندرية جلوكسمان ، 37:2000)

وفي دراسة لإستطلاع الرأي ، تشير النتائج إلى ارتفاع نسب العنف عند الذكور وأن ما تعرضه وسائل الاعلام من مشاهد العنف والجنس يعد من ضمن أسباب كل من العنف الأسري والعنف الجنسي والعنف في المدرسة .

رابعاً: أسباب العنف المدرسي

**تتعدد إسباب العنف المدرسى وتتنوع مصادره ومثيراته وتتعدد بالتالى أشكاله وصوره وتتباين وتتفاوت في المدى والنطاق والآثار التى تنجم عن كل منها، ويعزى ذلك التعدد إلى إختلاف الرؤية العلمية للظاهرة وحين يرجع البعض العنف إلى أسباب نفسيه سيكولوجية يرى البعض الآخر أن العنف مرده إلى مورثات المملكة الحيوانية إلتى لم يتخلص الإنسان بعد أسرارها، بينما يذهب فريق ثالث إلى تحميل العوامل الادراكية مسئولية العنف ، وها نحن نعرض سريعاً الملامح الأساسية لتلك الإتجاهات : العدوانية الغريزية للطبيعة البشرية، التفسير السيكولوجي، الفسيولوجية العصبية ،الأسباب الفسيولوجية العصبية ، الآثار للتقدم العلمي والتكنولوجي، الانفجار السكاني، الاضطهاد والإحساس بالظلم، والتفاوت في الجوانب المتعلقة بالحياة الاقتصادية والاجتماعية .**

(عبد الناصر حريز،1996: 47- 51)

**ونستعرض فيما يلي أسباب العنف التى أوردتها الكتابات والأدبيات ،وسوف يراعي التسلسل الزمني في عرض تلك الأسباب .**

**أكد فايرلونج وآخرون (280- 263: 1996 ) Furlong Michael ، al .et أن تعاطي المخدرات في المدرسة ارتبط بدرجة كبيرة بضحايا العنف المدرسي، على الرغم من وجود عوامل متعددة تؤدي إلى حدوث العنف المدرسي ،إلا أن إرتباط العنف بتعاطي المخدرات هو عامل هام جداً يجب مراعاته في برامج معالجة الإدمان والصراع المدرسي .**

وأرجع أحمد حسين الصغير (1998: 244 ) العنف المدرسي إلى : عدة عوامل تشترك في خلقة وحدوثة داخل المجتمع المدرسي وهذه العوامل منها الذاتي المرتبط بالجوانب الشخصية للطلاب ،منها البيئة المرتبطة بالمجتمع الطلابي سواء داخل المدرسة أو خارجها.(بينما يرجع إبراهيم داود الداود) (2001: 25) العنف المدرسي إلى عدة أسباب هى رغبة الطالب في جذب الأنتباه وعدم الشعور باحترام الآخرين والحماية وعدم الشعور بالأمن ،ولذلك يتخذ العنف كوسيلة للدفاع وقد يكون العنف تعبيراً عن الغيرة وعدم اتخاذ المدرسة الإجراءات النظامية ضد الطلاب الذين يمارسون العنف وأستمرار ، الإحباط لفتره طويلة ويرجع سعيد طه محمود ،وسعيد محمود مرسي(32: 2001 ) العنف المدرسي إلى : الأسباب التربوية حيث جاءت طبيعة التنشئة الإجتماعية والتربوية في الأسرة وغياب التوجيه والإرشاد من الوالدين نتيجة إنشغالهم في أعباء الحياة ، وعدم توجيه الأباء لعلاقات الأبناء لجماعات الرفاق ، وطبيعة النشأة التربوية في المدرسة.

وترجع منى يوسف (2002: 1147) العنف الى عدة أسباب هي:

- أسباب اجتماعية : غياب معايير عامة للسلوك في مجالات الحياة المختلفة وانخفاض قيمة احترام الآخر والتنشئة الاجتماعية ، مثل أستخدام العقاب البدني اتجاه الأبناء .

- أسباب سياسية : عدم تداول السلطة ،تجاهل الصالح العام ، عدم فعالية الآضراب السياسي .

- اسباب اقتصادية : إنتشار البطالة ، بخاصة بين الشباب وبين المتعلمين انخفاض مستوى المعيشة ، وشيوع ظاهرة الحقد الإجتماعي بسبب تفاوت الدخل .

- اسباب إعلامية : مشاهدة العنف قد تنشط الأفكار المرتبطة به ، تقليد ما تعرضه وسائل الإعلام المختلفة من سلوك العنف ، والتعرض لمشاهدة الجنس يساهم في ارتكاب جرائم الاغتصاب .

- أسباب نفسية : العنف هو وسيلة لإثبات الرجولة لدى الشباب ، والتوتر الذي ينتج عن وجود بعض الحاجات غير مشبعة ، والضغوط النفسية الناتجة عن المشكلات الأسرية .

- أسباب قانونية وأمنية : عدم احترام القانون، غياب الأمن من المناطق العشوائية وعدم العدالة في توزيع الثروة العامة .

وقد أرجعت بدرية العربي الكلي (2005) أن أسباب العنف تعود إلى ثلاثة أسباب هي :

- أولاً : أسباب ذاتية: ترجع الى شخصية القائم بالعنف كأن يكون لديه خلل في الشخصية بمعاناته باضطرابات نفسية أو تعاطيه شرب المسكرات والمخدرات، أو يكون لديه مرض عقلي .

- ثانياً: أسباب اجتماعية : الظروف الأسرية التي يقوم بها القائم بالعنف والتي تتمثل في الظروف الإجتماعية والإقتصادية، مثل الفقر أو الدخل الضعيف الذي لا يكفي المتطلبات الأسرية ، أو حالة المسكن أو المنطقة التي يعيش فيها أو نمط الحياة الأسرية بشكل عام، كثرة المشاحنات نتيجة للضغوط المحيطة أو عدم التوافق الزوجي، كذلك المستوى الثقافي وكيفية قضاء وقت الفراغ، والمستوى العلمي لأفراد الأسرة ونوع المهنة التي يقوم بها القائم بالعنف .

- ثالثاً: أسباب مجتمعية: كالعنف المنتشر والأحداث العربية والعالمية التي تنتقل عبر الفضائيات والانترنت فالتغيرات التي تحدث في المجتمع الكبير تنتقل وبشكل غير مباشر الى المجتمعات الصغيرة .

وأرجع لينورا م .ألسون وستيفانى واهاب Lenora M.olson، steph – anie wahab (2006)  أسباب العنف إلى سوء المعاملة بين أفراد الأسرة والسمات الاقتصادية الاجتماعية ، وأتفق شانتى كاكارانى shanty kulkarni  (2006)، مع الرأى السابق حيث أنه ارجع أسباب العنف إلى سوء المعاملة بين أفراد الأسرة والعشوائية بالمنزل.

وأكد هذا الرأى أيضا دايفد س .زيلينسكى وكاثرين ب.برادشو David s Zielinski، Catherine p.Bradshaw (2006) ، بأن العنف يرجع إلى إساءة المعاملة بين أفراد الأسرة بينما أرجع جودى لآين jodi lane  ( 2006: 34-54)"، العنف إلى : استخدام مرتكبي جرائم العنف للكحوليات والمخدرات .

وأجمعت بعض الدراسات على أن أسباب العنف المدرسي تنقسم إلى قسمين :

الأسباب الخارجية

فهى ناتجة عن وجود طبقات شعبية فقيرة يكتنفها الكثير من الحرمان والبطالة وبالتالي سوء التربية العائلية (1) .

أنظر :موقع الإدارة العامة للتربية والتعليم بمحافظة الطائف ،2007،موقع من الانترنت

الأسباب الداخلية

فهى ناتجة عن السياسة التربوية والطرق التعليمية المتبعة في المدرسة من جهة، وعن الرسوب المدرسي من جهة أخرى، والمقصود بالسياسة التربوية نظام المدرسة القاهر (contrraignant) المتعلق بالتوقيت أو البرنامج أو بنظم الأدوات والوسائل المستعملة ، أما الطرق التعليمية المتبعة فتترجم بعلاقة المعلم مع الطلاب ، وكأن المعلم إنسان مقدس تكون أوامرة منزلة غير قابلة للنقاش دون الأخذ بعين الإعتبار آراء الطلاب ،وأوضاعهم المختلفة والفروق الفردية ، علماً بأن التعليم يقتضي معرفة مهارة الإصغاء لآقتراحات الطلاب ،كما أن العقاب في أغلب الأحيان من أجل العقاب وتنفيس الغرائز العدوانية ،المكبوته وليس من أجل إصلاح الطلاب وبكلام آخر ، أن العقاب يمارس كأمر نهائي دون تبريره أو تعليلة .كما تترجم علاقة المعلم غير المتوازنةمع الطلاب بغياب الوقت المخصص للطلاب خارج نطاق الدرس أو الصف ،وتكريس ساعات معينه لدرس أوضاع الطلاب والإطلاع على مشاكلهم وتفهم حالاتهم من شأنه أن يخفف ظاهرة العنف،ومن هذه العوامل أيضاً رسوب الطلاب

**وتوبيخهم أمام زملائهم بكلام لاذع وعدائي دون أن يدرك المعلم أن أسباب رسوبهم قد تكون عائدة احيانا إلى أوضاعهم الإقتصادية والعائلية (1)**

**كذلك هناك من يقسم عوامل العنف المدرسي إلى قسمين : عوامل خارجية، وعوامل داخلية :**

**العوامل الخارجية للعنف المدرسي وتتضمن :**

- **العامل الإقتصادي .**
- **العامل الإجتماعي.**
- **العامل التربوي العائلي .**
- **العامل الثقافي.**
- **أثر وسائل الأعلام .**

العوامل الد خلية للعنف المدرسي : وتضمن :

**الرسوب الدراسي :**

**فمعظم المدرسين وفلاسفة التربية يردون العنف المدرسي ألى الإخفاق في الدراسة .**

سعيد عطية الغامدي(2007) جريدة الوطن السعودي،العدد 2390 السنة السابعة موقع من الانترنت

التربية الحديثة وهناك من يرى في الإصلاحات التربوية الحديثة العامل الرئيسي للرسوب المدرسي وبالتالي للعنف المدرسي ففي رأيهم أن المدرسة الأبتدائية وهي مهد الاعداد التربوي انحرفت عن النموذج التقليدي القائم على تعليم القراءة والكتابة والحساب وباتت تدفع نحو 20% الى المرحلة المتوسطة شبه جاهزين في هذه المعارف الأولية ومن لم يتعلم القراءة بعد السادسة والسابعة ينزع الى رفض المدرسة ترفضه ولن يستطيع متابعة اي تحصيل علمي على الوجه الصحيح بعد ذلك الحين.

مدير المدرسة : إن شخصية مدير المدرسة وقدرته الإدارية والانسجام بينه وبين الجسم التعليمي من العوامل الحاسمة للتصدي للعنف المدرسي لكن في معظم الأحيان تكون العلاقة بين المدير والجسم التعليمي غير منسجمة وغير متوازنة وهذا يؤدي إلى خلل في العملية التعليمية.

المعلمون : صحيح أن هناك معلمين ذو كفاية وضمير وإخلاص في العمل لكن هناك معلمين لا يتمتعون على الإطلاق بالمواصفات الضرورية التي يجب أن يتحلى بها المعلم ( فهم يعززون العنف عبر عجزهم عن التعليم وعن إدارة الصفوف وبعض هؤلاء لا يكترث بمصلحة الطلاب وينظر إليهم كوسائل وأدوات من أجل تحقيق مآربه وليس كغايات بحد ذاتها.

بناء المدرسة وعدد طلابها: تبين أن المدارس التي تتصف بجمال هندسي ومساحات خضراء وصالات رحبة تشهد عنفاً أقل من تلك التي لا تلبي هذه الشروط، كما تبين إن العنف يزداد مع إزدياد عدد الطلاب في المدرسة أو الصف.

إنظر : يوسف وهباني (2007) ظاهرة العنف المدرسي في العالم الغربي موقع لها أون لاين ، موقع من الأنترنت .

# الفصل الثاني

## العنف المدرسي والجامعي

مفهومه

- محددات دوافع العنف المدرس

- أسباب العنف المدرسي

- مظاهره

- محاوره

- أنماطه

نظرياته

## العنف المدرسي والجامعي

بعد أن انتهينا مت المصطلحات التي لها علاقة بالعنف بشكل عام والدراسات التي تحدثت عنه والعوامل المؤدية له لا بد من التعرف على :

أولاً: مظاهر العنف المدرسي والجامعي

يمثل الطلاب عناصر مختلفة تشكل في مجملها المجتمع المدرسي والجامعي، ذلك المجتمع المختلف في ثقافته والمتنافر في مستويات أبنائه من الناحية الاجتماعية والاقتصادية، ومن هنا، ونظراً لهذا التمازج المتنافر، فقد ظهر عدم التجانس بين أفراد ذلك المجتمع، وبالتالي ظهرت كثير من السلوكات الدالة على عدم التآلف بين الطلاب فنتج عن ذلك مواقف كثيرة ظهرت فيها آثار تلك الخلفيات المختلفة للطلاب. ونتيجة لهذا المزيج المتنافر طبيعياً غير المتألفة فقد ظهرت كثير من السلوكيات الشاذة التي زخر بها المجتمع المدرسي والجامعي. وأمام هذه السلوكيات وقف أمامها رجال التربية مبهورين، ليس بسبب كونها غريبة الحدوث بين عناصر المجتمع، ولكن لكونها بعيدة كل البعد عن المعايير الاجتماعية والدينية والتربوية التي يفترض أن تكون هي المحرك الأساسي لطبيعة العلاقات التي تربط بين أعضاء المجتمع، خاصة المجتمع الطلابي الذي يفترض أن يكون مجتمعاً متماسكاً في تكوينه وعلاقاته.

ولعل من أهم إفرازات تلك العلاقات الطلابية هو ظهور الكثير من مظاهر السلوك العدواني لدى بعض الطلاب والمتمثلة في سلوكيات إيذاء الذات وإيذاء الآخرين، وليس أدل على شيوع تلك المظاهر مما يرد على صفحات الصحف اليومية المحلية التي ما فتئت تنقل لنا يوماً بعد آخر صوراً لبعض مظاهر السلوك العدواني نحو عناصر مختلفة من عناصر المجتمع المدرسي والجامعي طلاباً ومعلمين وإداريين وموظفين وأساتذة في الجامعات، وما يوضحه لنا الواقع من خلال ما يعانيه التربويون والإداريون من تصرفات بعض الطلاب الخارجة عن النظام وعلى الرغم من أن تلك المظاهر السلوكية تتسم بالفردية ولا ترقى إلى أن حالة تؤرق القائمين على العملية التعليمية والتربوية وغيرهم من ذوي الاختصاص في المؤسسات الحكومية التي يهمها المحافظة على سير الحياة الاجتماعية كما ينبغي لها أن تسير، ولذا لا بد من دراسة هذه السلوكيات دراسة واقية ومتأنية ووضع الخطط والبرامج الوقائية والعلاجية المناسبة لها لكيلا تستشري المشكلة وتصبح خارجة عن نطاق السيطرة والتحكم.

ومن أهم ما يمكن ملاحظته من مظاهر سلوكية مضادة للمجتمع هي تلك الموجهة ضد الذات كالغياب عن الحصص والمحاضرات أو التأخر الدراسي في المدارس أو الجامعات فإن الغياب عن المدرسة وإسقاط المواد الدراسية في الجامعة بسبب الغياب أو العنف الموجه ضد النظام المدرسي والجامعي مثل إتلاف الأثاث من زجاج النوافذ أو المقاعد أو الكتابة على الجدران أو الموجه ضد المجتمع بشكل عام مثل الجنوح وكسر الأنظمة والقوانين والعبث بالممتلكات العامة.

ومما لاشك فيه فإن هذه المشكلات وغيرها تعتبر خروجاً عن النظام التربوي الذي يفترض أن يكون وطيداً بين جنبات المدرسة والجامعة ومؤصلاً في نفوس

طلابها، إلا أن الحقيقة والواقع يؤكدان أن المجتمع المدرسي والجامعي لا يخلو من مثل هذه السلوكات التي ظهرت في صور وأشكال متعددة ولعل من أهمها تلك السلوكات المذكورة آنفاً والتي توصف في مجملها بأنها مظاهر للسلوك العدواني أو ما يسمى بالعنف والذي يُعرفه علماء النفس والاجتماع بأنه ظاهرة نفسية اجتماعية تظهر في سلوكيات الأفراد المختلفة وفي أشكال وصور شتى تعتبر في مجملها خارجة عن المعايير الاجتماعية الخاصة بالمجتمع.

ولهذا فقد أشار فوزي أحمد بن دريدي في كتابه: العنف لدى التلاميذ في المدارس الثانوية الجزائرية. إلى أن العنف الطلابي يتخذ مظاهر مختلفة منها:

- الاعتداء اللفظي عن قصد بحق الغير.
- الإيذاء البدني وغير البدني للنفس أو المتعمد للنفس أو الآخرين.
- إلحاق الأذى بممتلكات الآخرين.
- إلحاق الأذى أو تدمير ما يتصل بالمرافق العامة والمنشآت.

فوزي أحمد بن دريدي (2007: 25-36).

هذا وقد أشار أحمد حسين الصغير في كتابه "الأبعاد الاجتماعية والتربوية لظاهرة العنف الطلابي بالمدارس الثانوية" إلى أن العنف الطلابي يأخذ مظاهر وأشكالاً متعددة منها:

ما يمثل امتناع الطلاب من الدخول إلى بعض الحصص الصفية داخل المدرسة بأن يكون هذا الامتناع على نطاق ضيق لمجموعة من طلاب الصف أو مجموعة من طلاب الصفوف الأخرى وهذا النوع من الامتناع يعني رغبة الطلاب في العدوان على المعلمين أو الإدارة أو نظام الحصص في المدرسة أو بأي شكل من الأشكال لعرقلة سير العملية التربوية.

والعدوان الموجه إلى الطلاب فيما بينهم بإثارة الشغب داخل الغرف الصفية من أجل إشاعة جو من الفوضى وضياع الحصص وربما يتعدى الأمر إلى التعدي على المعلمين وإدارة المدرسة .

إن الاعتداء على ممتلكات المدرسة، بالإتلاف والتحطيم: بحيث يقوم بعض الطلاب بالعدوان المادي على أجهزة ومعدات وأثاث المدرسة والجامعة بتعطيل أجهزة الحاسوب وسحب الدحال الموجود داخل فأرة الكمبيوتر وتكسير أنابيب مختبر العلوم وإتلاف المقاعد الدراسية أو الكتابة على الجدران وحفر المقاعد بكتابة الأسماء أو العبارات غير التربوية عليها. تعد هذه السلوكيات من باب العنف الذي يحتاج إلى دراسة هذه الظاهرة ووضع الحلول المناسبة لها.

(أحمد حسين الصغير (1998-202 ومحمود الخولي (2008-85)

ثانياً: محاور العنف المدرسي والجامعي

بعد أن تعرفنا على مظاهر العنف المدرسي والجامعي يمكن الانتقال إلى معرفة محاور العنف المدرسي والجامعي. والذي يمكن استجلاء الأطراف الأساسية التي تدخل في معادلة ممارسة فعل العنف أو الخضوع لفعل العنف في مؤسساتنا التربوية، وهي علاقات بين الفاعل والمفعول به، ويمكن أن نركز دوائر هذا العنف في المحاور ذات العلاقات التالية:

علاقة الطلاب بزملائهم:

إن علاقة الطلاب فيما بينهم تتجلى في التجانس والخلفيات الاجتماعية والثقافية وأساليب تنشئتهم المتبعة في تربيتهم، ومدى ارتباطهم ببعضهم البعض ومدى العلاقة التي تتسم بالمودة والاحترام أحيانا، بما ينعكس بالإيجاب على تحصيلهم والأدوار التي يقومون بها في المواقف التعليمية، ومدى التزامهم بالسلوك القويم بما يحقق توافقهم السوي. وقد تتسم هذه العلاقة بالسلبية أحيانا نتيجة سوء معاملة الطلاب لبعضهم

البعض، فيصابون بالإحباط والكراهية للمدرسة والجامعة، فالطالب حين يلتحق بالمدرسة أو الجامعة والانتقال من صف إلى صف أو من مرحلة تعليمية إلى أخرى أو من المدرسة إلى الجامعة.

أو من تعليمه إلى أمر غالباً إما أن يتكيف الطالب مع المرحلة التي ينتقل إليها أو أن يواجهه مشكلات تحتاج إلى المساعدة. وأغلب هذه المتطلبات ترتبط بضوابط ومسؤوليات مدرسية وجامعية جديدة وبعلاقات متجددة مع زملائه من الطلاب أو المدرسين والأساتذة بحيث تحتاج إلى عمليات من التكيف والتوافق الاجتماعي.

(مصطفى محمد الصنفي، 1995-267).

علاقة الطالب في المدرسة مع المعلمين وعلاقة الطالب الجامعي مع الأساتذة والمدرسين:

إن العلاقة تتحدد بين الطلاب والأساتذة في الجامعات والمعلمين في المدارس حسب قيام كل من الأساتذة والمعلمين بدورهم في الإرشاد والتوجيه لطلابهم وبما ينعكس على هذه العلاقة بالدفء والمودة والاحترام وذلك بمراعاة المعلمين والمدرسين في الجامعة الى الفروق الفردية بينهم في الأساليب التي يتبعونها في التدريس وبما يحقق لهم نجاحهم دراسياً. ويقلل من شعورهم بالخوف والفشل أو العكس خاصة إذا اتبع أسلوباً مغايراً في معاملتهم، وأستاذ الجامعة والمعلم في المدرسة من أكثر الأشخاص مقدرة على إيجاد المناخ التعليمي والتربوي الملائم لرفع مستوى الدافعية، وتحقيق الطموح الذي يسعى إليه الطلاب في المدرسة والجامعة والذي يمكن أن يساعدهم في

اكتساب المهارات اللازمة لحل المشكلات التي يواجهونها أثناء وجودهم على مقعد الدراسة.

(محمود سعيد الخولي،2006،ج:8)

وأشارت عفاف محمد سعيد في دراستها "المناخ التنظيمي السائد في إدارة التعليم الثانوي الفني" 1994 وحسن حمدي في كتابه مهارات الألفاظ السلوكي 2004 بأن للمعلم قدراً كبيراً يقترب من قدر الوالدين كثيراً.

حيث يسود العلم، ويختفي الجهل، والمعلم من وجهة نظري كان في المجتمع الأردني هو الأساس في حل النزاعات بين أفراد القبيلة أو العشيرة وهو الذي تُكرم المناسبات بوجوده في الأعراس، والولائم وهو الكاتب العدل والشاهد الصادق في المعاملات بين الناس فهو صاحب الكلمة التي لا تعلو عليها كلمة وهذا ما أكده جلالة الملك أن أي نظام تربوي لا يخلو من جانبين: الجانب الفني ، والجانب الاداري الذي يتمثله :

علاقة الطلاب بإدارة المدرسة والكلية في الجامعة:

مدير المدرسة أو مساعده وفي الجامعة عميد الكلية. قد يكون الرجل الإداري في المدرسة أو الجامعة هو الآخر موضوع العنف وبتالي تكون المدرسة أو الجامعة بيئة تعليمية غير آمنة. وفي مثل هذه الحالات تكون قليلة جداً، ما دام الإداري على مستوى المدرسة أو الجامعة من وجهة نظر الطالب هو الرجل صاحب السلطة الموكوله له تأديب الطلاب وتوقيفهم عند حدهم وخاصة عندما تكون المشكلة مع الدكتور في

الجامعة صاحب مادة من المواد أو معلم في المدرسة وهذا ما يتكرر يومياً على نطاق المدرسة وهو أخف من نطاق الجامعة.

ويمكن تحديد علاقة الطالب بإدارة المدرسة حسب الأنماط القيادية التي يمارسها مدير المدرسة فإما إدارة وقيادة ديمقراطية وهذه الإدارة التي تهيئ بيئة مدرسية آمنة نحو الطلاب لأنها تحقق أهداف العملية التربوية التعليمية وتحقق رغبات الطلاب مما يدفعهم إلى الالتزام في سلوكياتهم والطاعة واحترام النظام والقوانين التربوية المعمول بها. وهذه الأداة أيضاً إذا مورست في الجامعة فإن النتائج التي حصلت عليها المدرسة تكون نفس النتائج التي تحصل عليها الجامعة بأن طلبتها يلتزمون في سلوكاتهم ويحترمون النظام ويبتعدون عن العنف وتصبح جامعتهم بيئة جامعية آمنة.

أما النمط الآخر من الإدارة وهي الإدارة البيروقراطية. وهي الإدارة المتشددة في إدارة المدرسة أو في عمادة الكلية في الجامعة.

وتعكس هذه الإدارة بالسلب على سلوكيات الطلاب وتعوق إلتزامهم بقوانين العمل المدرسي، والجامعي وبالتالي فإن هذه الإدارة لا تحقق الأهداف التربوية المنشودة لأن نجاح العملية التربوية يتعلق بالمعلمين والأساتذة في الجامعة وفي ظل الإدارة البيروقراطية تنعدم وظائف الإدارة المدرسية وإدارة الكلية في الجامعة. لكون الإدارة الديمقراطية تقوم على وظائف التخطيط والتنظيم، والإشراف، والتنسيق، والتسجيل، والمتابعة والتقييم، والميزانية والتمويل وهذا هو السر في نجاحها بينما الإدارة البيروقراطية تنعدم فيها صفات الإدارة الديمقراطية وهذا هو سبب فشلها أو عدم تحقيق أهدافها.

(محمود سعيد الخولي،2006 د: 7-8)

علاقة المعلمين في المدرسة والأساتذة في الجامعة بزملائهم:

تتسم الإدارة الناجحة في المدرسة والجامعة بأن يكون المدرسون فيها على وفاق واتفاق تامين ومن أبلغ الآفات التربوية وأضرها هي الخلافات التي تحدث بين المدرسين، فهي تترك آثارها السيئة على الطلاب والبيئة التعليمية في المدرسة والجامعة. وتصبح بيئته غير آمنة قد يتعرض أفرادها إلى العنف نتيجة السلوكات التي تمارس فيها من حيث أحترام اعضاء الهيئة التدريسية لبعضهم البعض ولأن هذه البيئة غير آمنة نتيجة ما يتبادلونه فيما بينهم أو بمشاهدة طلابهم من حيث التشهير والتجريح لبعضهم البعض. وإن هذه المؤسسة التربوية التي يكون التباين بين جنباتها هذا النوع من المدرسين فهي إلى طريقها إلى الانحراف عن رسالتها والغاية التي وجدت من أجلها، ويمكن أن يتحقق نجاح المدرسة والجامعة إذا كان لها سياسة مرسومة، وخطة موضوعة، موزع فيها المسؤوليات على المدرسين الذين يقيمون الندوات والمحاضرات وحيث يتكلم كل منهم في موضوع اختصاصه، ولا بأس في أن يكون هنالك تنسيق أيضاً بين المدرسين في أكثر من منطقة تربوية لتبادل الزيارات والخبرات فيما بينهم ومعالجة المشاكل المدرسية الخاصة والعمل بروح الفريق حتى تصبح مدرستهم وجامعتهم بيئة تربوية آمنة بعيدة عن العنف.

(محمد أيوب شحيمى 1994ظك40-41).

علاقة المعلمين بإدارة المدرسة وعلاقة المدرسين بإدارة الكلية في الجامعة:

**إن الجو العام الاجتماعي في المدرسة والجامعة يعتمد تحقيقه بدرجة كبيرة على مقومات العملية التربوية ومدى تفاعلها بصفة عامة وعلى نمط القيادة المدرسية والجامعية بصفة خاصة حيث أن القيادة المدرسية والجامعية هي التي بيدها زمام الأمور وهي القادرة على التأثير والتوجيه فهي السلطة التي يخضع لها كل من الطلاب والمدرسين من أجل إيجاد بيئة مدرسية وجامعية آمنة بعيدة عن العنف.**

**فالمدير وعميد الكلية الذي يمارس القيادة الديمقراطية هو الذي يهتم في تعامله بالعلاقات الإنسانية داخل المدرسة والجامعة ويقوم بتوجيه مرؤوسيه وحثهم على العمل لتجنبهم العنف بجميع أشكاله.**

(حمدي عبد الحارس النجشو نجي وسيد سلامة إبراهيم (3:1999)

**وعلى مدير المدرسة وعميد الكلية أن يدرك كل منهما بأن الموظفين من معلمين في المدرسة ومدرسين في الجامعة هم شركاء وطلابهم يعتدون بهم لأن الجو الذي يسوده المودة والتفاهم والتعاون بعيداً عن العنف مما يوفر لهم بيئة تربوية آمنة يعمل كل منهما ضمن إطار المجموعة التي تشجع على روح التجديد والابتكار والإبداع.**

ثالثاً: أنماط العنف المدرسي والجامعي

لقد تنوع العنف من فرد إلى آخر ومن جماعة إلى أخرى ومن مجتمع لآخر، ومصدر التنوع هنا تحدده الأهداف والدوافع. التي تحرك سلوك الأفراد أو الجماعات أو غيرها داخل المدرسة أو الجامعة لذلك تنوعت مسميات العنف وتعريفاته.

فهناك العنف العادي، والعنف غير العادي، وهنالك العنف من حيث القائمين عليه والذي يهمنا من أنواع العنف وحسب موضوع البحث هو العنف الطلابي في المدارس والجامعات والذي أصبح ظاهرة.

حيث يعد هذا النوع أحد أنواع العنف الذي يقلق السلطة في المجتمع المحلي، وذلك لكون الطلاب يمثلون قوة لا يستهان بها في المجتمع.

وقد طرحت عدة تفسيرات حول العنف الطلابي في محاولة لتوضيح تلك المشكلة، فقد يعد تفسير برنو بتلها يم B.Bettelhiem وتفسير لويس فيور Feuer من أقوى التفسيرات التي طرحت للعنف الطلابي فقد بنى بتلها يم تفسيره للعنف الطلابي على افتراض وجود خواء أخلاقي في حياة الشباب الجامعي الثائر، وبالتالي الإحساس بضياع الحياة وتفاهتها. هذا الخواء الروحي والفراغ الأخلاقي في حياة الطالب الجامعي يعوضان كما توحي بذلك تصورات الطلبة بتبني أهداف اجتماعية قريبة، ذات بريق أخلاقي وهاج كالاحتجاج على التميز بين الطلاب في القبول، أو بالثورة على النظام الاجتماعي القائم برمته في الجامعة.

بينما يقدم لويس ميثور تفسيراً آخر للعنف الطلابي، حيث توصل من خلال سلسلة من الدراسات التي نظمها ونفذها حول هذه القضية إلى أن هناك ميلاً ثابتاً في سلوك الشباب إلى الرغبة في تحكيم هيمنة الأب والتحرر منها، وذلك من خلال الثورة على القيم الثقافية القائمة على التسليم بهذه الهيمنة أخلاقياً وفعلياً .

(محمد جواد رضا،155:1974-158).

أما في المدارس الأردنية والجامعات الأردنية فإن العنف بين طلبتها يرجع إلى سلوك غير مرغوب فيه يتنافى مع ديننا الحنيف وعاداتنا وثقافتنا والقيم الاجتماعية التي تعمل بها فإننا نسمع بين حين وآخر أن هناك مشاجرات وعنف في إحدى الجامعات الأردنية يعود السبب فيها إلى مشاكل بين عشيرتين وتنعكس هذه المشاكل على طلاب الجامعة أو نتيجة الشللية بحيث تدفع مجموعة من الطلاب طالب للقيام بإهانة طالب آخر لكونه متقدم دراسياً أو يريد ترشيح نفسه إلى انتخابات مجلس طلبة الجامعة، أو

لفوزه في الانتخابات الجامعية، أو أن هنالك طالب تعرض لإحدى الفتيات بألفاظ أو عبر اتصال هاتفي بحيث يشتبك الأطراف فيما بينهم مما ينتج عن ذلك مشاجرات وعنف داخل حرم الجامعة. وقد يمتد هذا العنف خارج حرم الجامعة يصعب السيطرة عليه إلاّ بتدخل رجال الأمن أو الدرك لفض النزاع بين الطلاب وقد ينتج عن هذا العنف أن تقوم الأجهزة الأمنية والجامعة بالتحقيق الذي يترتب عليه تحديد المسبب الأول الذي قام بهذا العنف لينال عقابه على مستوى القضاء أو على مستوى الجامعة. والذي يؤدي في بعض الأحيان إلى فصل الطلبة من الجامعة أو إعطائهم عقوبة الإنذار النهائي.

وبناءً على ما تقدم فقد أكد قائد إقليم أمن العاصمة العميد فهد الكساسبة أن الشغب والمشاجرات في الجامعات الأردنية أصبحت ظاهرة غير مسبوقة تزداد يوماً بعد يوم وقد كشف عن حدوث (767) مشاجرة وشغب من عام 1995 إلى عام 2006 داخل حرم الجامعات الأردنية منها (17) مشاجرة خلال علام 2005 و (82) مشاجرة خلال عام 2006 وذكر أن السبب الرئيس والمباشر لهذا الشغب والمشاجرات يعود إلى غياب الحوار وعدم تعاون الجامعات في حل المشكلة والتي كانت تفضل التغطية على هذه الظاهرة وعدم إثارتها إعلامياً.

(الكساسبة، فهد، 2010)

وأكد كذلك أن سبب الشغب والمشاجرات والعنف في الجامعات يعود إلى أسباب أخرى منها:

- العلاقة التي تنشأ بين الطلاب والطالبات والمسلكيات السلبية بالتحرش بأسلوب غير حضاري.
- عدم فاعلية رجال أمن الجامعة وعدم تواجدهم باستمرار داخل حرم الجامعة.
- قلة الوعي الثقافي بمعنى الديمقراطية لدى طلاب الجامعات الأردنية.
- غياب العقاب الصارم على كل من يتورط في إثارة النعرات والمشاجرات وإيقاع العقوبة المناسبة بحقهم وعدم التراجع عنها ليكون القرار رادعاً لغيرهم.

وللحلول المناسبة للحد من ظاهرة العنف بين طلاب الجامعات الأردنية أكد قائد إقليم العاصمة باتخاذ الإجراءات التالية:

- نشر الوعي بين الطلاب وتخصيص بعض الأوقات في الجامعة لمعالجة هذه الظاهرة.
- ضرورة تفعيل دور الاتحاد الطلابي في حل المشاكل الطلابية.
- تفعيل دور قسم العلاقات العامة والشرطة المجتمعية من خلال عقد دورات أصدقاء الشرطة وإعطاء المحاضرات للحديث عن هذه الظاهرة.

- زيادة صلاحيات الأمن الجامعي وزيادة العناصر الشابة في الأمن الجامعي من غير أبناء المنطقة خاصة وأنهم من عناصر المجتمع المحلي المعروفين وإن حصلت مشاجرة أو عنف فإن لم يشتركوا فيها سهلوا المهمة للطلاب المتشاجرين.
- عقد لقاءات لقادة جهاز الأمن العام مع القيادات الطلابية.
- تفعيل العمل الاستخباري داخل حرم الجامعة.
- بالاضافة لذلك فإن هنالك دراسة ميدانية حول السلوك الطائش لدى الشباب الجامعي في الأردن .

اعدها فريق برئاسه نائب رئيس جامعة الحسين بن طلال الدكتور ذياب البدانية وعضوته الدكتور خليف الطراونة رئيس مجلس هيئة اعتماد مؤسسات التعليم العالي ، والدكتور حسين العثمان والمحامية ريم ابو حسان وتفذت من المجلس الاعلى للشباب ومركز اعداد القيادات الشابة الى التوصية بتنفيذ الخطط الإستراتيجية، ووضع البرامج ذات الصله بالتقليل من العواقب الخاصة بالفقر والبطالة وحوداث السير والجريمة والعنف في المجتمع وتقوية وسائل التدخل المجتمعي ( الرسمي وغير الرسمي ) لمقاومة المشكلات الاجتماعية في المجتمع المحلي ( لتعزيز دور الشرطة المجتمعية ) .

وجاءت الدراسة التي عنونت بـ"عوامل الخطورة والسلوك الطائش لدى الشباب الجامعي في الأردن" مخصّصة لدراسة واقع البيئة الجامعية، وعوامل الخطورة فيها، التي تدفع الطالب إلى السلوك المتهوّر والمحظور، ولم تتوقّف عند عوامل الخطورة في البيئة الجامعية بل امتدت إلى دراسة تراكمية لعوامل الخطورة في الأسرة والمجتمع المحلّي، والمدرسة والمجتمع وعلاقة ذلك بالسلوكيات المحظورة في البيئة الجامعية.

وتناول الفصل الأول خلفية الدراسة وأهميتها، وبيّن حجم الطلبة في الجامعات الأردنية الذي يُعدّ من أعلى النسب في العالم مقارنة مع عدد السكان الذي وصل إلى حوالي خمس السكان كما تناول هذا الفصل مفهوم البيئة الجامعية وتطوّر السلوكيات المحظورة والمتهوّرة، وبخاصّة سلوك العنف في الجامعات والعنف الطلابي، والعنف كمشكلة صحية وأمنية، وعوامل الخطورة بعامة، وأخيراً الأنموذج النظري الذي تنطلق منه الدراسة الحالية والذي يربط بين النظم الشخصية والبيئية (الأسرة والمدرسة والمجتمع المحلّي والرفاق والجامعة) وعوامل الخطورة المرتبطة بهذه النظم وعلاقتها بضبط الذات المنخفض، ومسؤوليتها في إنتاج السلوك الطائش والمتهوّر.

وتناول الفصل الثاني البنى الرسمية للجامعة، والبيئة القانونية (التشريعية) التي تحكم عمل الجامعة وتحدد أهدافها وتنظم التفاعلات والسلوكيات داخلها، سواء كان ذلك بين الطلبة أم بين الطلبة والمدرسين.

وتناول الفصل ايضا العلاقة بين الجامعة وكلٍ من: المجتمع المحلّي، والحكومة، والطلبة، والهيئة التدريسية، والعلاقة بين الطلبة والهيئة التدريسية.

وركّز هذا الفصل على التشريعات التي تحكم السلوكيات المحظورة داخل البيئة الجامعية، وبخاصة السلوكيات التي تشكّل انتهاكاً للقانون بعامة مثل تناول المشروبات الروحية، وتعاطي المخدرات، والسرقة، وشراء أموال مسروقة، والغشّ، والمشاجرة.

الفصل الثالث تناول مفهوم عوامل الخطورة، وتحديد عوامل الخطورة في البيئة

الجامعية والأسرة، والمجتمع المحلّي، والنظريات التي تناولت البيئة الجامعية وعوامل الخطورة فيها حيث تمّ استعراض عددٍ من النظريات والنماذج النظرية التي تناولت بالتفسير موضوع عوامل الخطورة والسلوكيات المحظورة، فتمّ تناول نظرية الدافع والتعلّم الاجتماعي، والمعرفية، والنمو، وتطوّر المسارات، والفرصة ونظريات الجريمة البيئية مثلما تمّ تطوير الأنموذج الخاص بالدراسة والذي ينطلق من ربط النظم الشخصية والبيئة مع عوامل الخطورة، ومع النتائج المتمثّلة في السلوك المتهوّر.

وتناول الفصل الرابع الدراسات السابقة في المجتمع العربي والمجتمع الدولي في مواضيع عوامل الخطورة والسلوكيات المحظورة والطائشة في البيئة الجامعية، وبخاصة مشكلات الطلبة في الجامعات الأردنية والسلوكيات الطائشة والمتهورة كالغش والعنف وشغب الملاعب وتعاطي المخدرات.

وتناول الفصل الخامس طريقة الدراسة والتي اعتمدت المسح الاجتماعي للجامعات الحكومية والخاصة، وخصائص العينة ووصفها، واعتُمدت عينة متساوية تقريباً من كل الجامعات، واستخدمت عدة مقاييس منها مقاييس دولية كما في حالة القيم وعوامل الخطورة، وجميع أدوات القياس استمدت من البناء النظري للدراسة.

وتناول الفصل السادس عرض نتائج الدراسة حيث عُرضت النتائج وفقاً لتسلسل منطقي، يعتمد على الأبعاد التي تناولتها الدراسة، وعلى أسئلة الدراسة حيث تناول عرض النتائج المتعلقة بخصائص العينة، وبالقيم الاجتماعية لدى طلبة الجامعة، والرضاء عن الأداء العام للجامعة، وعوامل الخطورة الشخصية والأسرية والمدرسية والمجتمعية، ومستويات ضبط الذات والسلوكيات الطائشة والمحظورة، والعلاقة بين النظم الشخصية والبيئية وسمات ضبط الذات المنخفض والسلوكيات الطائشة.

وتناول الفصل السابع الخاتمة والمناقشة والتوصيات حيث هدفت هذه الدراسة إلى دراسة عوامل الخطورة في البيئة الجامعية، وتناولت تفسير النتائج في ضوء الإطار النظري الذي انطلقت منه هذه الدراسة وأخيراً شمل هذا الفصل التوصيات والتي صنفت وفق أبعاد الدراسة الرئيسة.

وتأتي هذه الدراسة ضمن الجهود العلمية التي يبذلها المجلس الأعلى للشباب ممثلا بمجلس إعداد القيادات الشبابية، في دراسة المشكلات التي تواجّه الشباب بعامّة والشباب الجامعي بخاصّة، وإيجاد الحلول المناسبة لها، بالتعاون مع الجهات ذات العلاقة بالشأن الشبابي وهدفت الدراسة إلى كشف عوامل الخطورة، والسلوكيات الطائشة لدى الشباب في البيئة الجامعية في الأردن، وبالتحديــد ما يأتي :

- تحديد عوامل الخطورة لدى الشباب الجامعي بعامّة على مستوى الفـرد، والأسرة والمدرســة والجامعــة والمجتمــع المحلّي على وجه الخصوص.
- بيان مستويات السلوك المتهوّر لدى طلبة الجامعات الأردنية.
- تحديد مستويات ضبط الذات المنخفض لدى طلبة الجامعات الأردنية.
- كشف أثر متغيّرات النظام الشخصي والجزئي والوسيط والكلّي في عوامل الخطورة في البيئة الجامعية.
- كشف أثر متغيّرات النظام الشخصي والجزئي والوسيط والكلّي في ضبط الذات المنخفض.
- كشف أثر متغيّرات النظام الشخصي والجزئي والوسيط والكلّي في السلوك المتهوّر في البيئة الجامعية.

- كشف أثر عوامل الخطورة في البيئة الجامعية في ضبط الذات المنخفض في البيئة الجامعية.
- كشف أثر عوامل الخطورة في البيئة الجامعية في السلوك المتهوّر في البيئة الجامعية.
- كشف أثر مستويات ضبط الذات المنخفض في السلوك المتهوّر في البيئة الجامعية.

ومن أجل تحقيق أهداف الدراسة، فقد اعتمدت المنهجية أسلوب المسح الاجتماعي وقد شمل المسح الوطني 4000 طالب وطالبة، استجاب منهم 3702 طالب وطالبة، من 19 جامعة حكومية وخاصّة، أمّا الجامعات الحكومية فهي: (الجامعة الأردنية، وجامعة مؤتة، والعلوم والتكنولوجيا، وآل البيت، والهاشمية، واليرموك، والبلقاء، والحسين بن طلال، والطفيلة التقنية، والألمانية الأردنية .

وأمّا الجامعات الخاصة فهي: (جرش، والزرقاء، والزيتونة، وعمّأن الأهلية، والبتراء الخاصة، وفيلادلفيا، والعلوم التطبيقية، واربد، والاسراء) أمّا وفق النوع الاجتماعي فقد تكونت العينة من (1466) طالباً ونسبتهم (40%) و(2170) طالبة ونسبتهن (60%)منهـــم (26%) في السنة الأولى و (28%) في السنة الثأنية و (26%) في السنة الثالثة و(17%) في السنة الرابعة و(2%) سنة خامسة أمّا وفق الكليات فتوزعت العينة على النحو التالي:

آداب (20 %) والعلوم الإداريـة (18%) والعلوم التربوية (14%) والهندسة (14%) والتمريض (3%) والعلوم الاجتماعيـــة (6%) والطب (1%) والحقوق (5%)

والزراعة 0.8%) والرياضة (1%) والشريعـــة (1%) والعلوم (8%) وكليات اخرى (10 .(%أمّا وفق المحافظة التي أتى منها الطالب، فقد تركز أكثر من ثلث العينة في عمّان، وأكثر من العُشر في كلٍّ من إربد والزرقاء، وأقلّ من العُشر في المحافظات الأخرى

وكانت نسبة الأناث أكثر من الذكور بمقدار الخمس تقريباً، وكانت النسبة (60% و 40%) للأنـــث والذكـور على التوالـــي واظهرت الدراسة عدداً من النتائج تمثلت في:

النتيجة العامة:ان السلوك الطائش الطلاّبي، منتج اجتماعي، متجذر في الأسرة، ومتصل ومتحرك من الأسرة إلى المجتمع تُساهم في إنتاجه النظم الشخصية، والجزئية، والوسيطة، والكلّية الاجتماعية وهو سلوكٌ متعلّم، وعابر للمؤسسات الاجتماعية، ونما بين الأجيال.

القيم الإجتماعية:أعطت الغالبية العظمى للعينة أهمية كبرى لكلٍ من قيم الأمن ومحاربة الجريمة واحترام حقوق الإنسان، والديمقراطية والحرية، ومحاربة الفساد واحتلت قيم المشاركة السياسية للناس نسبة متوسّطة وسجّلت قيمة مشاركة الناس قرارات الحكومة أدنى نسبة كما احتلت المؤسسة الدينية والأمّنية والعسكرية أعلى النسب في الثقة كمؤسسات وطنية، في حين احتلّت الحكومة والجامعة التي يدرس فيها الطالب ثقة متوسّطة،واحتلّت مؤسسات الأحزاب وجمعيات حقوق المرأة والبيئة والشركات والنقابات والتلفزيون والجامعة العربية أدنى النسب في ثقة الطالب في هذه المؤسسات وسجّل الطلبة معدّلات عالية من الشعور بالافتخار بعامّة، وكان هذا

**الشعور الأعلى للإنسانية، ثم للعروبة وللأردنية في حين احتل الشعور بالافتخار للجامعة الدرجة الأقلّ.**

**الرضى عن الحياة الجامعية :إن حوالي نصف العينة كانوا راضين عن الحياة الجامعية بعامّة، وينخفض هذا الرضا إلى حوالي الثلث عن البيئة الجامعية وعن أداء الجامعة بعامّة في حين أفاد حوالي ثلث العينة بالرضا عن مستوى الممارسة الديمقراطية داخل الجامعة، وأفاد حوالي أقلّ من الثلث بالرضا عن الممارسة الديمقراطية في الأردن، وأفاد أكثر من ثلثي العينة برضاهم عن تخصّصاتهم الجامعية، إلاّ أنهم لم يكونوا راضين عن معدّلاتهم التراكمية في حوالي أقلّ من الثلث بقليل.**

**وتبيّن أن حوالي نصف العينة كان راضياً عن أداء عمادة شؤون الطلبة، وتزداد هذه النسبة لتصل إلى أعلاها عن أداء رئيس القسم وعميد الكلّية ورئيس الجامعة، وتراوحت حول أقلّ من ثلثي العينة. أمّا عن أداء عميد شؤون الطلبة فقد كان الرضا أكثر من النصف بقليل.**

عوامل الخطورة.

**أمّا ما يخص عوامل الخطورة في المجتمع المحلّي، فقد كان ابرزها التدخين والمشاجرات، والبطالة والفقر وتعاطي الكحول، والافلام المخلة بالاداب، وضعف الافتخار بالثقافة المحلّية والمشكلات الأخلاقية والجريمة والأمّية والمخدرات والتحرّش الجنسي والعنف الأسري وضعف الروابط القرابية وضعف المؤسسات الحكومية وضعف الخدمات الاجتماعية) ولقد كانت أقلّ عوامل الخطورة وجودا في المجتمع المحلّي هو "عدم الشعور بالأمّن" وتركّزت عوامل الخطورة في المدرسة على**

عدم المشاركة في الأنشطة الأكاديمية ومشاهدة العنف والتدخين من قبل الزملاء وعدم الشعور بالأمّن، وكذلك الشعور بالتحيز ضد الطالب، وعدم الشعور بالعدالة والتسرب من المدرسة والتعوّد على التدخين وكانت أقلّ عوامل الخطورة تكراراً، التغيب عن المدرسة والشعور بالخوف والتحصيل المتدني والمشاركة في الشجار داخل المدرسة، والتعرّض لأحد أشكال العنف والتعرّض للضرب من قبل الزملاء، والمشاركة في تحطيم بعض ممتلكات المدرسة، وتناول الكحول والتحرّش بالآخرين والتحرّش بالطالب والشعور بالإقصاء والشعور بالعجز.

وكانت أكثر عوامل الخطورة في الجامعة عدم المشاركة في الأنشطة اللامنهجية والتدخين وعدم الشعور بالأمّن، اضافة إلى مشاهدة احد اشكال العنف وعدم الشعور بالعدالة والشعور بالوحدة وكذلك عدم الشعور بالافتخار أمّا عوامل الخطورة الأسرية، فقد كانت وفاة الوالد أوالأمّ وزواج الأب المتعدد بأكثر من زوجة وعدم الالتزام الديني في الأسرة، وعدم الالتزام بالأعراف الاجتماعية، وقبول التدخين في الأسرة، وكثرة الشجار في الأسرة، وضعف الإدارة الأبوية والتعرّض للضرب في الصغر، والشجار بين الوالدين، والشعور بالخوف داخل الأسرة، كما تبيّن ندرة وجود عوامل الخطورة مثل قبول تعاطي الكحول والمخدرات في الأسرة، وتعرّض أحد أفراد الأسرة للسجن، وضرب الأمّ أمام الاطفال، وضرب الطالب عندما كان طفلاً مع اخوته.

وتلخصت عوامل الخطورة الشخصية بعدم الالتزام الديني وبعدم الالتزام بالعرف والتقاليد الاجتماعية، وعدم الشعور بالانتماء، والتدخين والشعور بالاغتراب، أمّا بقية

العوامل فقد كانت الشعور بالإقصاء، والمعاناة من المشكلات الصحية، والتعرّض للضرب في الصغر والشعور بالخوف.

أمّا أعلى نسب عوامل الخطورة المرتبطة بالرفاق فقد كانت الغشّ في الامتحان، وعدم وجود أصدقاء حميمين، وعدم الشعور بالمسؤولية نحو الأصدقاء، وقيام الاصدقاء بشجار مع الاخرين أمّا الجهود المبذولة لمقاومة عوامل الخطورة في المجتمع المحلّي، فقد أفاد أقلّ من النصف بقليل (43%) بان هذه الجهود كانت كافية.

أمّا وفق الجهات التي تقوم بمقاومة عوامل الخطورة فقد احتل المسجد أعلى النسب حيث بلغت حوالي الثلث تلاها الجيران فالمدرسة فالمراكز الاجتماعية وكان أقلّ هذه الجهات في مقاومة عوامل الخطورة الاعمال التطوعية فالأسرة وفيما يتعلق بالمشاجرات الطلابية كما أفاد (73%) من العينة بمشاهدة مشاجرة طلابية، وقد شاهد الطلبة في حوالي أكثر من ثلثي العينة (3) مشاجرات فما دون ولقد أفاد حوالي ثلث (30%) العينة بانهم شاركوا في إحدى هذه المشاجرات، ولقد شارك في هذه المشاجرات وبالمتوسط خمسة طلبة في حوالي أكثر من ربع العينة، أمّا وفق العلاقة مع مجموعة الشجار فقد شكّلت الزمالة الجامعية حوالي أقلّ من الثلث بقليل، في حين كان لزمالة القسم والكلّية أكثر من العشر بقليل لكلٍّ منهما، أمّا القرابة فلم تشكّل إلاّ حوالي السبع، في حين بلغت الصلة العشائرية حوالي أقلّ من الخمس بقليل وتوزّعت أسباب المشاجرات التي شارك فيها الطلاّب على أسباب متنوعة منها وفي حوالي ثلث العينة، كان السبب خلافات شخصية، وكان السبب في حوالي ربع العينة التحرّش بطالبة، أوالتحرّش بقريبة أوالدفاع عن قريب أو السلوك المتهوّر أو الدفاع عن صديقة أو الدفاع عن النفس على التوالي.

أمّا وفق مكان المشاركة فقد تبيّن أنه في حوالي ثلاثة أرباع العينة كانت المشاركة من داخل الجامعة وخارجها، في حين أفاد ثلث العينة بأن المشاركة كانت من داخل الجامعة فقط، أمّا من خارج الجامعة فقد أفاد أقلّ من عشر العينة بأنها كانت من خارج الجامعة.

وتنوّعت أشكال العنف الطلابي، فتراوحت بين الشجار بين الطلاب والموظّفين والتحرّش، والتحرّش بالموبايل والتحرّش بعامّة و الإزعاج في المحاضرة إلا أن اغلب الأشكال شيوع هي المشاجرات الفردية وإعاقة سير المحاضرة والتحرّش عامة.

السلوكيات الطائشة.

وفي مجال السلوكيات الطائشة فتبيّن ان حوالي ربع طلبة العينة مدخنون كما أفاد حوالي أقلّ من عشر العينة بتناول الكحول، أمّا المنبّهات تبيّن ان حوالي خمس العينة قد تناولت منبهات دون وصفة، وتعاط (5%) المخدرات قبل دخول الجامعة، منهم حوالي النصف تعاطوها بعد دخول الجامعة وأفاد حوالي (5%) من العينة بارتكاب السرقة كما أفاد حوالي نصف العينة بقيامهم بالغش في المدرسة، حيث مارس حوالي سبع العينة الغشّ قبل دخول الجامعة، وقد بلغ متوسّط عدد مرات الغشّ (4) مرات، وقام 5% من العينة بالتحرش الجنسي، منهم حوالي الخمس تحرشوا باستخدام الجوال.

التوصيات.

وقد تضمنت التوصيات التي خلصت الدراسة اليها توصيات خاصة بالسلوك الطائش والمحظور وهي:

زيادة الجهد المبذول لمنع حدوث السلوك الطائش والمحظور من قبل الطالب من خلال :

أ- صعوبة تحقيق الأهداف التي يمكن أن يحققها الطالب نتيجة السلوك الطائش، مثل الحصول على علامة من خلال الغش (مثل خسارة جميع المواد، وصفر في المادة التي غشّ فيها الطالب.

ب- الرقابة لمنع حدوث السلوك الطائش والمحظور (منع التدخين في القاعات والأبنية

ج- التحكّم بتسهيلات السلوك الطائش والمحظور مثل جعل الدخول للحرم الجامعي (البوابات) من خلال البطاقات الجامعية المحدثة (ربط فتح الممر بسريان مفعول البطاقة الكترونياً

الحَدّ من مخاطر ارتكاب السلوك الطائش من خلال:

أ- الرقابة الرسمية، مثل مراقبة السرعة داخل الجامعة، ووجود أفراد حراسة.

ب- المراقبة عن طريق العاملين، مثل العاملين في مواقف السيارات والباصات.

ج- الرقابة الطبيعية من خلال توظيف التصميم العمراني الآمن.

د- إضاءة الشوارع ووضع إضاءة احتياطية عند انقطاع التيار الكهربائي.

خفض الفائدة الناتجة عن السلوك الطائش عن طريق:

- فصل الطالب في المخالفات الشديدة (مثل المشاجرات، والتحرش الجنسي).
- وضع الغرامات المادية المضاعفة على بعض المخالفات مثل المشاجرة والسرقة.
- خفض إغراءات السلوك الطائش، وإنكار منافعه، مثل تشفير الكتب.
- إزالة أسباب السلوك الطائش من خلال :
- وضع تشريعات خاصة بالسلوك الطائش، وتحديد عقوبات مناسبة لكل فئة.
- تكثيف آليات الضبط الخارجي، ووضع اليافطات التي تؤكد المنع، مثل (ممنوع التدخين).
- التحكّم بمحفزات السلوك الطائش، مثل سَنّ القوانين ومنع تناول الكحول والمنبّهات والمخدّرات، وفصل الطلبة أو تحويل الحالات المرضية الى التدخل المناسب.
- تقليل فرص ارتكاب السلوك الطائش والمحظور من خلال مراقبة الأمكنة التي قد يحدث فيها مثل الممرات أو الأبنية غير المنكشفة أو غير المضاءة جيداً.

النظريات المفسرة للعنف:

أولاً: النظريات المفسرة للعنف من المنظور الاقتصادي:

**وبداية نلاحظ أن المنظرين البرجوازيين الموكلين بالأمور الاجتماعية للأوساط الحاكمة الإمبريالية يحاولون إعطاء قاعدة أيدويولوجية للسياسة العدوانية العسكرية المعادية للديمقراطية التي يمارسها رأس المال الاحتكاري، وبالتالي فإنه يتم في الفلسفة وعلم الاجتماع البرجوازيين إعداد مكثف لمفاهيم ووسائل تحويل مشاكل العنف الاجتماعي إلى أوهام نظرية، وتجديد محتوى وأشكال براهين الخرافات الأيديولوجية التقليدية في هذا الميدان، وكذلك صنع مفاهيم تبريريه جديدة.**

**وعليه فلقد اهتم "مؤسسو الشيوعية العلمية" خصوصاً بإعداد المبادئ النظرية والمنهجية التي تؤسس المفهوم العلمي لطبيعة العنف في التاريخ ودوره، وقد دللوا على أهمية مدخل ديالكتيكي ومادي لدراسة هذه المشاكل، وإعداد إستراتيجية وتكتيك ثوريين دقيقين لسياسة الطبقة العاملة وحزبها المرتكزة على أساس علمي، ولقد نهضوا بقوة في مواجهة أي نوع من النظريات المثالية والاختيارية فيما يخص العنف الاجتماعي وضد التفسير المجرد لهذا المفهوم دون حساب الظروف التاريخية والطبقية، وضد تعميم دور العنف في هذا الامتداد التاريخي، كما فضحوا الطابع اللاعلمي لأيديولوجية وانتهازية اليمين و "اليسار" في هذه القضية.**

**ولأول مرة في تاريخ الفكر الاجتماعي أعدت الماركسية مقاييس علمية وموضوعية بالفعل لدراسة تقييم مختلف ظواهر العنف في الحياة الاجتماعية، كاشفة**

عن علاقتها المباشرة مع مصالح طبقات معينة وتبعيتها للعلاقات الاجتماعية الاقتصادية المسيطرة.

إن ما تقوم به الأحزاب الشيوعية من إعداد مثمر حول مشاكل العالم المعاصر الملحة، مثل التقارب بين الأهداف الديمقراطية والاشتراكية والكفاح الثوري والتآلف الدقيق بين أشكال الثورة السلمية واللاسلمية، وإمكانية تحقيق مبادئ التعايش السلمي ضمن الظروف التاريخية الملموسة كقواعد معترف بها عالمياً جديدة باستخدام الجهود المتضامنة مع القوي والسلام.

لقد صاغت الأبحاث الماركسية وأثبتت صحة سلسلة من الأفكار والنتائج الحديثة التي تعطي أهمية نظرية ومنهجية أساسية لدراسة القضية المطروحة، بنفس الوقت الذي حللت فيه علمياً بعض السمات الحقيقية والتناقضات الاجتماعية الحادة لعمليات التطور الاجتماعي الموضوعية والظروف التاريخية الملموسة التي تكتسب فيها مشكلة العنف خواصها الحديثة وحدة لم يسبق لها مثيل.

ولكي نحلل بطريقة بناءة ونتوصل إلى نتائج نظرية إيجابية لمشكلة العنف من وجهة النظر الماركسية في ظروف العصر الحالي، فإن الأبحاث الماركسية التي تتعلق بقوانين الديالكتيك حول الموضوعية والذاتية في الامتداد التاريخي، والدور المتعاظم للعامل الذاتي وتأثيره على كل مجالات الحياة الاجتماعية لها أهمية كبرى.

حيث أن مفهوم العنف ككل الحالات الاجتماعية، هو انعكاس شكل معين للعلاقات الاجتماعية، شكل اجتماعي من حركة المادة، وبنفس الوقت للعنف طابعه المتميز للتعبير عن هذه العلاقات والتأثير عليها، ودوره وهدفه الخاص في الممارسة التاريخية الاجتماعية للبشرية.

ولهذا فإن مشكلة العنف في كل انتشارها مع كل القضايا المتعلقة بها سواء على "النطاق الواسع" (أي نطاق العلاقات الاجتماعية) أو على "النطاق الضيق" (أي طراز التفكير الفردي وسلوك الأفراد المستقلين، ينبغي أن تدرس من خلال كل مظاهرها وعلاقتها بالعلوم المختلفة الاجتماعية أو الطبيعية.

إن المفكرين البورجوازيين يعيرون مشكلة العنف الاجتماعي انتباها دائما وينظرون إليها دوماً وقبل أي شيء من وجهة النظر الدعائية للنظام الرأسمالي ويعالجونها بالروح الطبقية الذاتية، مائلين إلى إخفاء وتبرير الصبغة القهرية للدكتاتورية البورجوازية واتجاهها المعادي للشعب.

وفي خضم المؤلفات الاجتماعية السياسية المنشورة اليوم في البلاد الرأسمالية الكبيرة تحتل مشكلة العنف بشكل مستمر مكان الصدارة، وليس هذا وليد الصدفة،

ومن المجدي أن نبحث عن تفسير ذلك أولاً في الظواهر الموضوعية، في جو الأزمة الاجتماعية المميز للمرحلة الراهنة من النمو الاجتماعي والاقتصادي للرأسمالية الاحتكارية، ومن تصاعد أزمة هيكلها السياسي، وأخلاقها وطراز حياتها والتزايد المنقطع النظير لكل التناقضات والصراع الطبقي*.

إن المذهب الاختياري الذي يشكل خطأ غير قابل للنقض للممارسة الاجتماعية السياسية عند الإمبريالية يتجلى في النظرية الاجتماعية البورجوازية حيث تحتل مفاهيم القوة موضعاً متزايد الأهمية اليوم، وبرغم أنه أصبح الآن، شائعاً عند واضعي النظريات البورجوازيين أن يطالبوا (بإزالة الأيديولوجية) من العلم، وأن يبرزوا الطابع "المتشائم" لتأثير السياسة على الفلسفة، وأن يبذلوا جهداً في المطالبة بالموضوعية العلمية والطابع "فوق الطبقي" لأبحاثهم.

ففي الحقيقة إن الدور التبريري للنظرية الفلسفية البورجوازية عموماً والفلسفة السياسية البورجوازية خصوصاً، التي تحاول شرح ظاهرة العنف لم يظهر أبداً بمثل هذا الوضوح وهذه الشفافية، إن العنف يعود حتماً إلى جملة الأنظمة الاجتماعية التي جعلوها مثالية إلى أقصى درجة، ووضعوها في حزمة حاجات الممارسة السياسية للإمبريالية مباشرة.

---

* أنظر المرجع ولاحظ أن الحديث وقت صدور الكتاب،1984 قبل انهيار الشيوعية.

إن "العنف الاجتماعي" هو عضويا الخط الخاص بالرأسمالية القائمة على استغلال وقمع العمال ونهب شعوب البلدان التابعة لها، وعلى سياسة العسكرة والعدوان.

وقد أوضح ماركس أن نفس الآلية لوجود علاقات الملكية الخاصة البورجوازية تتطلب وجود العنف السياسي، وقد سجلت ولادة طريقة الإنتاج الرأسمالي في تاريخ البشرية "بحروف من دم ونار" ، و "يصل رأس المال إلى ذلك متعرفا الدم والطين غير كل مسامه" (ك. ماركس: رأس المال).

إن تطبق هذه التي أعطاها ماركس على الرأسمالية في مرحلتها الاحتكارية له ما يبرره تماماً. وقد كتب لينين: " لم تستطع سلطة رأس المال أبداً أن تثبت أقدامها إلّا بالعنف"

(ف. لينين: مؤلفات، جزء 29، ص 334).

ويحاول رأس المال بمساعدة نظام عنف جسدي ومعنوي أن يحافظ على علاقات اجتماعية ولى زمنها تاريخياً، وأن يديم سيطرته، ويخنق حركة التحرير والديمقراطية الجماهيرية، ومن هذا المنطلق تكشف الدولة البورجوازية عن نفسها كجهاز للديكتاتورية الطبقية والحكم الاستبدادي.

وفي نفس الوقت، وفي الظروف الراهنة لتعايش وتصادم النظامين المتعاكسين، لاتستطيع الرأسمالية الاتكال دوماً على النجاح حين تعلن صراحة عن غاياتها الفعلية إنها مرغمة على خلق مجموعة من الخرافات الأيديولوجية لتخفي الجوهر الحقيقي لسياستها، وتعطي في كثير من الأحيان الأولوية لما يسمى بـ (العنف غير المباشر) وهو وسائل مختلفة للمقع والتأثير الاقتصادي والسياسي والأيديولوجي على الجماهير.

كما تقوم بالضغط بصورة واسعة على إدراك ونفسية الناس وذلك بتحريك الرأي العام بمساعدة (وسائل الإعلام الضخمة والثقافة الجماهيرية).

ولم يكن العنف المعنوي في أي يوم من الأيام أكثر مما هو عليه الآن تنميقاً وشمولاً وتنظيماً ولكي يحاول النظريون البورجوازيون أن يغطوا ويزيفوا الدور الحقيقي للعنف كأداة من الطراز الأول للسيطرة الاقتصادية والسياسية للطبقات المستغلة، فهم يحاولون أن يظهروها كعامل (حيادي) طبقياً، وكعنصر مساعد بالفعل لإدارة الدولة، ويحاولون تبرير الطبيعة العنيفة والعدوانية للنظام الرأسمالي، وتناقضاته وأخطائه، بالصفة (القديمة المعهودة) ، و (الطبيعية) لمختلف مظاهر العنف في حياة المجتمع في أية مرحلة من مراحل نموه التاريخي وأن يظهروا العدوانية (غريزة متأصلة في الطبيعة البشرية).

وتلعب (فلسفة العنف) هنا دوراً من أهم الأدوار، وتحتوي في ذاتها على جملة متطورة من النظريات الفلسفية والاجتماعية والنفسية والبيولوجية والقانونية وسواها، الغرض منها إثبات أن العنف والأزمات الاجتماعية لا يمكن تحاشيها في حياة المجتمع، وترسيخ الروح العسكرية في وعي الجماهير، وشريعة القوة، وتعويد الناس على العنف الذي يزعمون أنه الرفيق الأزلي للبشرية.

وفي نفس الوقت، يندد الإيديولوجيون البورجوازيون بصورة مستمرة بمظاهر العنف الآتي (من تحت) وذات الطابع الثوري الموجه ضد المؤسسات القضائية والاجتماعية والاقتصادية للمجتمع البورجوازي، ويصفون كل أشكال حركات التحرير الثورية بأنها أعمال لا مشروعة ولا عقلانية، ويعتبرون كل هذه الحركات (داءً مطلقاً) و(مرضاً نفسياً) جماهيرياً.

ونلاحظ منذ سنوات - في السبعينات من القرن الماضي - أن العلم البورجوازي يهتم بصورة خاصة بدراسة مشكلة (العنف الاجتماعي السياسي) وأن مختلف أشكال نظرية العنف وتطبيقه هو موضع الاهتمام الدائم لعدة علماء برجوازيين وأجهزة علمية بكاملها.

وتنكب حالياً على دراسة هذه المشكلة عشرات المعاهد العلمية والمراكز الجامعية والبحثية والهيئات الحكومية والمنظمات الاجتماعية والعلمية المنشأة خصيصاً في العديد من البلدان الرأسمالية*.

وحسب إحصائيات دائرة العلوم الاجتماعية اليونسكو فإن عدد الأبحاث حول مشكلة العنف الاجتماعي يتزايد في الغرب بشكل أسرع كثيراً من أية قضية أخرى للعلوم الاجتماعية.

وقد خصص العديد من المؤلفات والأعداد الخاصة من المجلات لمشكلة العنف، وكذلك مناقشات طلابية ومقالات صحفية، وأصبحت هذه المسألة موضوع جدل مؤتمرات علمية خاصة واجتماعات عالمية*.

كما يمكن ملاحظة أنه في الفلسفة وعلم الاجتماع - البورجوازيين المعاصرين - تصاغ نظرية عنف عامة ومناهج عالمية للأبحاث ولعلاج هذه الظاهرة، وكذلك

_____

* أنظر المرجع ولاحظ أن الحديث وقت صدور الكتاب،1984 قبل انهيار الشيوعية.

* أنظر المرجع ولاحظ أن الحديث وقت صدور الكتاب،1984 قبل انهيار الشيوعية.

نظريات جزئية أكثر لتحليل آية أشكال خاصة للمشكلة، وبالإضافة إلى ذلك وبمعزل عن مستوى الأبحاث التي أجريت في هذا المجال، فإن الاتجاه السائد هو منحنى فكري تجريدي تقليدي خارج عن التاريخ ومتجاهل للمفهوم الطبقي في علاج ظاهرة العنف، وتعميم لدور العوامل البيولوجية الفردية النفسية الوراثية المتعلقة بعلم الأصول البشرية وعوامل أخرى لا اجتماعية، وولع بمناهج البحث الرياضية الإحصائية.

وليس وليد الصدفة طبعاً أن يشعر بعض النظريين البورجوازيين المهتمين بدراسة (مشكلة العنف الاجتماعي) بالقلق -حالياً- من الضعف النظري والعجز المنهجي لأبحاثهم ذاتها. فهذه (الطفولة) النظرية والمنهجية للأبحاث البورجوازية ليست بالطبع أمراً عابراً، إنه نتيجة سلسلة كاملة من الظروف المرتبطة بالمهمة الطبقية للنظرية الاجتماعية البورجوازية، وكذلك بخصائص الفكر النظري المعاصر لعلماء الاجتماع والتربويين البورجوازيين.

هذا وقد ظهر في الغرب منذ ثلاثة عقود تقريباً علم جديد هو (علم العنف Violencologie) ويبدو أن الباحثين البريطانيين هم الذين طرحوا هذا اللفظ الذي اعتبر تاسيسه (نقطة تحول في مصير البشرية). وحسب رأي مؤسسيه، تتألف وظيفته من دراسة الأشكال المتعددة لمشكلة العنف، ومصادر وآلية إيضاح هذه الظاهرة، وطرق ووسائل تلافيها، كل هذه بواسطة إكمال العلوم النظرية والتجريبية، مرتكزين على طرائقهم المناهجية ووسائلهم في المعرفة العلمية.

كما يُرجى من هذا العلم الجديد أن يلعب نوعاً ما دور (الترياق المضاد للنظرية الماركسية - اللينينية) عن صراع الطبقات.

ولا يجهد النظريون البورجوازيون أنفسهم في تشويه المذهب الماركسي للمجتمع وقوانين تطوره فقط، وفي رفض التفسير (الديالكتيكي - المادي) لطبيعة (العنف) ودوره، ولكنهم يحاولون أيضاً معارضة (الماركسية - اللينينة) بتفسيرهم الخاص لمشاكل العالم المعاصر الراهنة، وأن يصوغوا بدائل جديدة لكفاح التحري الثوري للعمال.

وفي نفس الوقت يحاولون أن يجددوا حججهم النظرية والأيديولوجية لكي يبرروا للإرهاب الكثيف، والروح العسكرية والمغامرة الحربية، وليقدموا مساعدة عملية للأوساط الحاكمة الإمبريالية في إتقان أساليب الضغط وقمع العمال، وصنع وصفات جديدة للإدارة السياسية.

وقد كتب عالم الاجتماع الأمريكي نيبورغ Neiburg: (ترتبط مشكلة العنف السياسي بأية قضية مهمة في علم الاجتماع السياسي والنظرية السياسية كما ترتبط بأية مشكلة في الحياة الاجتماعية والسياسية) (هـ ينبورغ: العنف السياسي).

وليس شيئاً عابراً بالطبع أن يدرس العديد من النظريين البورجوازيون حالياً مشكلة العنف في إطار مفاهيم (سلوك الجماهير، والأزمات الجماعية، والصراع الطبقي، والقومي، والغرائز (غير المرغوبة) للطبيعة البشرية، ومظاهر التحول الاجتماعي، والإدارة والرقابة الاجتماعية).

ويتجلى حاليا هذا الاهتمام المتزايد بمشكلة العنف ليس فقط في الأوساط الأكاديمية ولكن أيضاً في الأوساط السياسية والعسكرية وأوساط رجال الأعمال في العالم الرأسمالي، حتى كتب الفيلسوف الأمريكي ج.لورنس: "أصبح العنف مسألة (موضة) في العلم والسياسة".

أنه يثير العديد من المسائل المختلفة الأنواع ويفسح المكان للآراء الأكثر تناقضاً.

(ماذا تمثل ظاهرة العنف: قانون الحياة أم انتهاك هذا القانون؟ أهي عدوة الإنسان والتقدم والنظام" أم هي على العكس أساس هذه الأمور الضرورية ومصدرها؟ أهي وسيلة عقلانية للعلاقات السياسية أم اداة إفتاء ذاتي؟ أهي نتيجة العادات المكتسبة والثقافة أم تقررها بعض الغرائز الطبيعية والفطرية؟ هل العنف شكل مرضي إرادي للسلوك الشري؟ أم هو انتكاس أم وعي إرادي يستطيع فاعله - بل يجب - أن يحمل مسؤوليته التامة والكاملة؟

هل يستطيع المجتمع أن يستدرك ويزيل أسباب ومصادر العنف من الممارسة الاجتماعية أم أنها سوف تتلاشى من تلقاء نفسها وتزيل نفسها بنفسها بطريقة طبيعية خططت لها الطبيعة نفسها؟ من الواضح ضرورة جلاء الرؤية الفلسفية هنا، ليس فقط بسبب الإجابات المتناقضة على هذه الأسئلة ولكن أيضاً بسبب طريقة طرحها ذاتها (ج.لورنس J.Lawrence" العنف "في النظرية والتطبيق الاجتماعي".

وفي السنوات الأخيرة أمكن ملاحظة وجود تقارب متزايد باستمرار بين نظريات البورجوازيين والتصحيحيين حول (العنف).

لقد وجد النظريون البورجوازيون لأنفسهم حلفاء أيديولوجيين في التصحيحيين اليمينيين، و (اليساريين)، الذين سربوا تحت عناوين مختلفة أيديولوجية المذهب الاختياري والفوضوي والقدري والتشاؤم التاريخي..الخ، وإنكار إدراك الجماهير الكادحة وقواها وامكانياتها الثورية.

ويشير (ف. دينيسوف) إلى أنه بالرغم من أن سوق الكتاب العالمية لا تشكو من نقص في المطبوعات المتعلقة بمختلف قضايا نظرية العنف الاجتماعي وتطبيقها، إلا أنه من النادر جداً أن نري فيها مؤلفات علمية اساسية تبدي طابع الشمولية التحليلية، ويحتوي على تحليل مقارن وتصنيف لنظريات العنف المختلفة في مصادرها التاريخية الفلسفية والاجتماعية السياسية والمتعلقة بأسس المعرفة، وكذلك الظروف الاجتماعية التاريخية الملموسة التي تولد فيها وتنتشر، وأخيرا توقعات للطرق الواقعية والوسائل الناجحة لتلافي وتحديد استعمال العنف وفي النهاية الإلغاء التام له من الممارسة العالمية لحياة المجتمع في مجملها.

وعليه فإنه بات من المهم الآن العرض المختصر لأهم نظريات العنف في محاولة لإجلاء بعض الغموض حول المفهوم وأيضاً للوصول لتفسير (العنف المدرسي) ضمن سياقاته النظرية العامة.

التفسير الماركسي - اللينينى للعنف الاجتماعي:

**إن الرؤية الماركسية لظاهرة العنف ترتكز على منهج اتحاد التاريخ والمنطق، المجرد والملموس، الذاتي والموضوعي، وقد كرس ماركس وانجلز ولينين أعظم الاهتمام لمشكلة العنف في أعمالهم الفلسفية والاجتماعية وأرسوها قبل كل شيء في إطار نظرية الأساس والتركيب، وقوانين التطور الاجتماعي، والصراع الطبقي والثورة الاجتماعية والدولة والسلطة السياسية، وديكتاتورية البروليتاريا، والدفاع عن المكاسب الاشتراكية ضد الثورية المضادة الداخلية والخارجية وربطها بشكل حميم بإستراتيجية وتكتيك حركة التحرير الثورة.**

**إن التحليل النظري للعنف، ولطبيعته ودوره ومكانه بين بقية الأحداث الاجتماعية تملى ضرورة إعداد مفهوم شامل لهذه الظاهرة قبل أي شيء، وتحديد مناهج ومقاييس تصنيف مظاهرها المختلفة وبالقيام بدراسة جهاز التعليم وآلية عمل العنف في الممارسة الاجتماعية - السياسية.**

ويتطلب أيضاً فحص هذه المشكلة من زاوية الديالكتيك الماركسي، دراسة العلاقات المباشرة والمعكوسة بين ظاهرة العنف وسائر الظواهر الاجتماعية.

إن لمفهوم (العنف الاجتماعي) معنى ومحتوى لفظياً أكبر بلا شك من مفهوم (العنف السياسي) وعملياً تتعلق بالأول كل مظاهر القوة والقمع في الحياة الاجتماعية، بما فيها العنف السياسي.

ويوجد الأساس المنهجي لتمييز العنف الاجتماعي عن العنف السياسي في خصائص تأسيس السلطة في أعمال مؤسسي الماركسية – اللينينية، وفي اختلاف المبادئ الذي يقيمانه بين السلطة الاجتماعية والسلطة السياسية، أي الدولة.

فالعنف السياسي يظهر مع ظهور الدولة ويدوم بدوامها أما بالنسبة إلى العنف الاجتماعي المتخذ صفة القمع، فقد كان يوجد قبل ظهور الدولة وسيبقى بشكل أو بآخر بعد زوالها فاقداً بالطبع طابعه الطبقي.

الاهتمام لمشكلة العنف في أعمالهم الفلسفية والاجتماعية وأرسوها قبل كل شيء في إطار نظرية الأساس والتركيب، وقوانين التطور الاجتماعي، والصراع الطبقي والثورة الاجتماعية والدولة والسلطة السياسية، وديكتاتورية البروليتاريا، والدفاع عن المكاسب الاشتراكية ضد الثورية المضادة الداخلية وربطها بشكل حميم بإستراتيجية وتكتيك حركة التحرير الثورة.

إن التحليل النظري للعنف، ولطبيعته ودوره ومكانه بقية الأحداث الاجتماعية تملى ضرورة إعداد مفهوم شامل لهذه الظاهرة قبل أي شيء، وتحديد مناهج ومقاييس

تصنيف مظاهرها المختلفة والقيام بدراسة جهاز التعليم وآلية عمل العنف في الممارسة الاجتماعية - السياسية.

إن الماركسية - اللينية تنظر إلى العنف السياسي كعنف اجتماعي تاريخي وليد الظروف الاجتماعية والاقتصادية للمجتمع المتناقض، بمتطلبات العلاقات الملموسة والتناقضات والصراع الطبقي، وقد ظهرت في مرحلة معينة من التطور التاريخي مع ولادة الملكية الخاصة لوسائل الإنتاج، كشرط أساسي لا ستغلال الإنسان، ومع تقسيم المجتمع إلى طبقات متخالفة، وتشكل الدولة وأجهزة سلطتها: الجيش، الشرطة، القوانين، المحاكم،..الخ وحيث ان العمل الأساسي لسلطة دولة أي مجتمع متناقض هي حماية وتقوية النفوذ السياسي والاقتصادي للطبقات المسيطرة المستغلة وحماية امتيازاتها ضد اعتداءات الطبقة المسحوقة والمضطهدة، وسلب واستبعاد البلدان الأخرى.

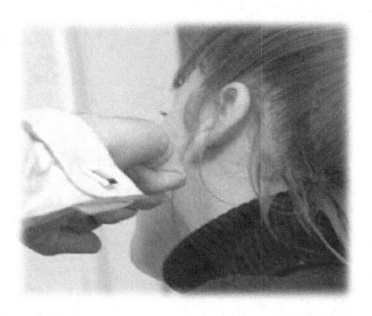

وأشار لينين إلى أن كل آلية سلطة الدولة في أي مجتمع مستغل، معدة بشكل خاص لكي "تستعمل" العنف بصورة تلقائية وترغم الناس على الخضوع لها "

(ف. لينين: المؤلفات، جزء 29 ص478).

وبالتالي فإن العنف الاجتماعي هو النتاج الطبيعي والحتمي للمجتمع المستغل، والعنف الذي ولد مع ظهور الطبقات والدولة، يصبح العنصر الملازم للعلاقات الاجتماعية والحياة السياسية.

إن العنف الاجتماعي مفهوم معقد بشكل خارق للعادة، في مواصفاته الخارجية (الكمية) والداخلية (النوعية). يحتوي في ذاته على مظاهر القوة في الحياة الاجتماعية ذات الأشكال والأبعاد الأكثر تنوعاً، وكذلك الصفات والغايات والنحتوي الطبقي والاتجاهات.

أي أنه يمكن تعريف العنف الاجتماعي في الدرجة الأولى "كأداة للديكتاتورية الطبقية".

واستغلال الإنسان للإنسان هو شكل خاص للعنف الطبقي، وهي الأكثر انتشاراً في التاريخ، هذا النوع من العنف الذي يتجلى على صورة ضغط فوق الاقتصادي وبشكل اضطهاد اقتصادي تمارسه الطبقات المسيطرة المستغلة على الجماهير الكادحة، ويميز كل التشكيلات الاجتماعية الطبقية المتناقضة.

لقد تغيرت أشكال الاستغلال في التاريخ والخاضعون لها أيضا ولكن طبيعة هذا الاستغلال بقيت هي نفسها.

ويمثل الاستغلال – قبل كل شيء- الاستيلاء على عمل الغير بالقوة.

إن تغير أشكال الاستغلال في الرأسمالية لا يبدل السمة الرئيسة للعمل المأجور فهذا الأخير يبقى مستبعداً.

لقد كتب ماركس لافتا الانتباه إلى أن مسيرة الإنتاج الرأسمالي "تجبر العامل على بيع نفسه ليعيش "وبالتالي تفرض عليه "رقاً اقتصادياً".

وكتب: "لقد كانت السلسلة تكبل العبد الروماني وتعوقه، أما الآن فإن خيوطاً لا مرئية هي التي تلوي الأجير نحو مالكه "ك كارل ماركس: رأس المال" إنه العبد المأجور لرأس المال الشامل.

وباختصار فإن العنف عند ماركس هو (عامل اقتصادي)، ويحاول بعض الفلاسفة البرجوازيين إثبات أن الماركسية التي تحلل ظاهرة العنف بمساعدة عناصر طبقية مادية وعقلانية بحته (اجتماعية - اقتصادية - تاريخية - مادية) ليست في وضع يمكنها من شرح وكشف طبيعة العنف كظاهرة ذات طابع نفسي - انفعالي بنفس الوقت وذاتي اختياري.

وسوف نعرض لبعض هذه النظريات كما تناولها بعض الباحثين:

فقد أشار (السمري:2000) في بحثه حول (سلوك العنف بين الشباب) إلى أربع نظريات في دراسة وتحليل العنف والانتهاك وهي:

* نظرية المصدر (المورد):

يشير Goode (Force and Violence in the Family) إلى أن كل التفاعلات والعلاقات الاجتماعية داخل الأنساق الاجتماعية تعتمد إلى حد ما على القوة أو على التهديد بها، ففي داخل النسق الاجتماعي كلما زادت الموارد التي يتحكم الشخص فيها، كلما زادت القوة التي يستطيع أن يحشدها.

وكلما زادت مصادر وموارد الشخص التي يستطيع ان يستخدمها في أي لحظة كلما قلت درجة ممارسته الفعلية للعنف، وبالتالي فإن الفرد يلجأ إلى استخدام العنف عندما تكون موارده غير كافية أو ضئيلة.

فعلى سبيل المثال: فإن الزوج الذي يريد أن يكون العضو المسيطر، والحاكم الآمر الناهي في محيط أسرته، ولكن تعليمه منخفض، ودخله ضئيل ويفتقر إلى المهارات الشخصية الفعالة، من المحتمل أن يلجأ إلى العنف حتى يصبح ذلك السيد المسيطر.

●    **نظرية الأنساق العامة:**

طرح Straus نظرية عن "الأنساق العامة" لتفسير العنف داخل الأسرة على وجه الخصوص (Straus M.1923) حيث يفسر Straus العنف داخل الأسرة من خلال النظر إلى الأسرة باعتبارها نسق اجتماعي مفيد يسعى لتحقيق هدف محدد، ويسعى دائماً إلى تحقيق التكيف الاجتماعي، والنظر إلى العنف باعتباره نتاجاً أكثر من كونه حالة مرضية فردية، ويرى Straus أن التغذية المرتدة الموجبة في النسق تخلق عنف حلزوني صاعد إلى أعلى، على حين تخفض التغذية المرتدة السالبة معدل العنف.

●    **المنظر الايكولوجي (النظرية الايكولوجية):**

طرح (Garbarino1977): في أواخر السبعينات – النموذج الايكولوجي في تفسير الطبيعة المعقدة لظاهرة إساءة معاملة الطفل من خلال النقاط التالية:

يركز المنظور الايكولوجي أو مدخل التنمية البشرية على التطور والتكيف المتبادل بين التنظيم والبيئة.

يركز المنظور الايكولوجي على التفاعل الداخلي ومجموعة الأنساق المتداخلة التي يحدث في ظلها التطور الإنساني، يضع المنظور الإيكوولوجي في اعتباره الصلاحية الاجتماعية، أي مسألة نوعية البيئة.

يحدد المنظور الايكولوجي العوامل السياسية والاقتصادية والديموغدرافية التي تشكل نوعية الحياة للأطفال داخل الأسرة.

ويعد التدعيم والاستحسان الثقافي لاستخدام القوة الفيزيقية ضد الأطفال والاستخدام غير الملائم للأسرة من أهم العوامل المؤدية إلى إساءة معاملة الأطفال.

● المنظور التطوري:

في نهاية السبعينات طرح (Burgess) منظوره التطوري لفهم العنف والانتهاك الموجه للطفل.

لقد كان المنظور التطوري محاولة للوصول إلى ما هو أبعد من مستوى العوامل الداخلية في الفرد أو على المستوى النفسي الاجتماعي في التحليل، وذلك بتقديم نموذج يمكن أن يفسر الوضع القائم للعنف والانتهاك.

ويستخدم (Burgess) مفهوم المنصب الأبوي (Parental Investment) للإشارة إلى أنه في المواقف التي تضعف فيها الصلة والارتباط وعدم الثقة بين الآباء وأطفالهم، تزداد مخاطر انتهاك الطفل. وعندما تضعف مصادر سلطة الآباء ترتفع احتمالات انتهاك الطفل أيضاً.

إن نقص الموارد الأبوية يفسر العلاقة العكسية القائمة بين الانتهاك والعنف والطبقة الاجتماعية والعلاقة الإيجابية القائمة بين حجم الأسرة ومعدلات العنف والانتهاك.

وأشار (السمري 2000) أيضاً إلى ثلاثة مستويات من المداخل النظرية العامة في دراسة وتحليل العنف:

المستوى الأول: مستوى العوامل الشخصية النفسية للتحليل وهو النموذج السيكاتري نموذج (الطب النفسي):

يركز نموذج الطب النفسي على خصائص شخصية من يمارس العنف والانتهاك باعتبارها المحددات الأساسية لممارسة العنف، يتضمن نموذج الطب النفسي اتجاهات نظرية تربط بين المرض العقلي وإدمان المخدرات وتعاطي الكحوليات وسمات الشخصية وبين ممارسة العنف.

المستوى الثاني: مستوى التحليل النفسي الاجتماعي (النموذج الاجتماعي النفسي):

يذهب هذا النموذج إلى أن أفضل فهم للعنف والانتهاك يتم من خلال الدراسة الدقيقة لعوامل البيئة الخارجية التي تحيط وتؤثر في سلوك الأفراد، بالإضافة غلى أهمية دراسة التفاعلات اليومية التي تقع في حياة الأفراد والجماعات باعتبارها عاملا يهيئ حدوث العنف وينذر بوقوعه، وتتلاءم المداخل والاتجاهات النظرية التي تدرس الضغوط الاجتماعية، وانتقال العنف من جيل إلى جيل آخر، وأنماط التفاعل بين الجماعات الاجتماعية المختلفة مع المنظور الاجتماعي النفسي، ومن أمثلة تلك النظريات نظرية التعلم، ونظرية الإحباط والعدوان ونظرية التبادل: ( Galles 1979).

المستوى الثالث: مستوى التحليل السوسيولوجي الثقافي (النموذج الاجتماعي الثقافي)

يعد نموذج التحليل الاجتماعي الثقافي من نماذج التحليل الواسعة النطاق للعنف، حيث يتم تناول العنف والانتهاك في ضوء ما يؤدي إليه البناء الاجتماعي والاتجاهات والقيم الثقافية من عدم مساواة بين أفراد المجتمع وجماعاته، وتعد النظرية البنائية الوظيفية، ونظرية الثقافة الخاصة للعنف من أبراز المداخل التي تندرج تحت النموذج الاجتماعي الثقافي في تحليل العنف والانتهاك.

لقد أفرزت السبعينات عدداً من النظريات في مجال دراسة العنف ولم يزل معمولاً بها حتى الآن.

النظريات المفسرة للعنف (من منظور علم النفس)

- **النظرية الجسمية:**

سيطر الاتجاه "النيورولوجي الفسيولوجي الوراثي" على الفكر العلمي فترة استمرت حتى قرب أواخر القرن التاسع عشر، فقد كان يري أصحاب هذه الاتجاه أن الاتجاه إلى أن الانحرافات السلوكية يرجع لعوامل وراثية ، أو اضطرابات عصبية تكوينية.

ولعل من أهم الإطارات الفكرية التي زكت هذا الاتجاه وظل يتمسك بها كثيرون ما نادت به مدرسة لمبروزو من الربط بين بعض المميزات الجسمية والخلقية وخاصة في الوجه والجمجمة، وبين أ نواع النقص العقلي والإضرابات الخلقية أو أشكال الانحراف، وتعرف هذه النظرية باسم " النظرية الجسمية" وهي تقول أن المجرمين يتميزون عن غيرهم بدفية يمكن ملاحظتها في بينهم الخاصة( أنور الشرقاوي:161).

ولعل احد الباحثين قد يتساءل ما علاقة هذه النظرية التي تتحدث عن سمات المجرمين بالعنف؟

والإجابة هي أن العنف او العدوان في بعض الحالات تكمن خطورته في احتمال كونها احد احتمالات التكوين الإجرامي عند البعض أو الاستعداد له، فهو بذور الشر الكامنه التي إذا ما تعهدتها التربة المناسبة نمى وأثمر (مجرماً)، هذه التربة إنما هي باقي العوامل المساعدة سواء أكانت في الأسرة أو المجتمع بمؤسساته النظامية واللانظامية.

( النظامية) مثل : المدرسة و( اللانظامية) مثل: وسائل الإعلام والنادي والشارع والرفاق.. الخ . وبناء على ما سبق فإن استعراض هذه النظرية الجسمية لا يبدو دخيلاً على الموضوع.

وتأتي بعد ذلك ( النظرية الحيوية) وهي تجتهد في ربط الجريمة بالوراثة- وبالتالي في ربط الصفات العدوانية والتي تتسم بالعنف – فالسبب الواضح في هذه النظرية هو صفات متأصلة في الفرد تأتيه بالولادة فميوله الإجرامية يرثها من أبويه واسلافه( ولعله يعززها هنا المأثور الشافهي: العرق يمد لسابع جد).

على أن أهم نقد يوجه لهذه الاتجاهات الفكرية التي كانت تغلب عامل الوراثة والاستعداد الفسيولوجي كعامل محدد للانحرافات السلوكية هي أنها أهملت أثر البيئة في تعديل السلوك، ولعل السينما المصرية ناقشت هذا الموضوع خلال الطرح الفني لقضية فيلم ( جعلوني مجرما)(*) الشهير.

وكذلك لم تهتم أي من هذه الاتجاهات الفكرية بأثر التقليد أو التعلم الاجتماعي في خلق وتعلم هذه العادات اللاتوافقية. وأيضاً لم تقم أي من هذه الدراسات الفسيولوجية والانثروبولوجية على أساس تجريبي، بل على مجرد الملاحظة ، وأخيراً لم تهتم بـ التفسير السيكوديناميكي للسلوك المنحرف أو العدواني، ولم تهتم كذلك بالتنظيم الانفعالي والدوافع التي يمكم أنه تكمن وراء أساليب التكيف الخاطئة.

ولم يرض الباحثون عن العوامل الحيوية ولا العوامل الاجتماعية كسبب للعنف أو الجنوح والعدوانية. (J.A.1952،Hoyles .1952)، فقد وجد أن الوراثة إنما تمثل جزءاً ذا دلالة بسيطة من التنظيم الاجتماعي الذي يساهم في موضوع الفعل العدواني/ الإجرامي ، وأن نقص عامل البناء الاقتصادي للمجتمع - مع النظر إليه على أنه عامل مؤثر على سلوك الأحداث المقبوض عليهم، لم يثبت أنه وحده العامل المؤثر في ظهور الانحراف.

وبالفعل تبين انه ليس من الممكن ان نقرر أين ينتهى عامل الوراثة، ولا من أين تبدأ عوامل البيئة، وبدأ واضحا أن الأمر في حاجة إلى نظرية تشمل كلا من العاملين.

وعليه وانتهاء مما توصل إليه السابقون، فقد كانت هناك محاولة لصياغة نظرية جديدة في نهاية القرن التاسع عشر بواسطة مدارس معينة عرفت في ذلك الوقت باسم أصحـــــــاب (النظرية الحيوية الاجتماعية Bio-Socio Logists) فقد اعتقد أصحاب هذه لنظرية أن جميع أفعال الإنسان إنما تحدث نتيجة عاملين هما: الفرد ذاته، والبيئة.

جعلوني مجراما: فيم قام ببطولته فريد شوقي وهدى سلطان ويحيى شاهين، وقصته تدور حول مواطن مصري بسيط شريف فقير، قد تربى يتيماً وكان عمه هو المسؤول عنه اقتصادياً رغم ميراثه . فلما كبر وطالب عمه بحقه في الميراث بعد رفع الوصاية عنه فرفض عمه وتطورت المواقف الدرامية وتصاعدت فجعلت البيئة من الشاب الطيب مجرماً قائلاً.

وفي الأزمنه الحديثة كانت أول محاولة لبحث الدوافع النفسية للفعل العدواني/الإجرامي ، قد تمت على يد كرافت ايبنج" Kraft"- Ebing (1840-1902) فقد ذكر عدة حالات في دراسته التي كانت فيها ( سرقة الأشياء من الجنس الآخر) محور هذه الحالات، ولم تكن الضرورة الاقتصادية هي الدوافع للسرقة، نظراً لأن عددا كبيراً من أصحاب هذه الحالات كانوا في مركز اجتماعي حسن.

وتبين له أن هناك دوافع تقاوم للسرعة، واتضح أن السرقة في هذه الحالات كانت بمثابة بديل عن الإرضاء الجنسي Sexual Gratificatio، ومنذ أن جمع " كرافت ايبنج" معلوماته ، ونبه إلى السلوك المتسلط والمسبب لعدد كبير من الجرائم ، فإن تقدماً كبيراً قد ظهر في مجال فهم ( الدوافع الخفية المسببه للانحراف) وكان من اكبر مظاهر هذا التقدم الأفكار التي خرجت بها العالم" سيجموند فرويد" Freud Sigmund رائد التحليل النفسي

( الشرقاوي: ص 162)

وتركز نظرية مدرسة ( التحليل النفسي) على حافزين بيولوجين فطريين، هما حافز الجنس وحافز العدوان ( سعد المغربي، 196-) الأول من وجهة نظرها يلعب

دوراً خطيراً في تحديد سلوك الفرد واتجاهاته في مختلف أدوار حياته وهو ملازم له للمحافظة على ذاته وتأكيد وجوده.

" والعدوان " هو الآخر حافز فطري يتصل بالحوافز البيولوجية ، وظيفته المحافظة وإشباع حاجاته ، ويظهر العدوان حين تبقى الحاجات بلا إشباع نتيجة كبتها أو صدها كما يظهر في أي صورة من صور تأكيد الذات، وأن الذات السوية تعمل دائماً على التكيف والتوافق عن طريق عن طريق إدراك الدوافع والحاجات الفطرية من ناحية، وإدراك الظروف الخارجية من ناحية أخرى، ثم يعمل على تنسيق هذه الدوافع والرغبات بعضها مع بعض، ثم بينها وبين قيم الذات العليا الأخلاقية، وذلك في حدود الظروف وإمكانيات التي تتعلق بالبيئة.

وفشل الذات في أحداث هذا التوافق في المستوى الناضج- يؤدي بالفرد إلى أحد مصائر ثلاثة. المرض النفسي أو ا لجناح أو الجريمة.

وقد تأثر الكثيرون ممن درسوا الانحرافات السلوكية، وخاصة الجناح بآراء فرويد ومدرسة التحليل النفسي، ومنهم " هيلى"Healy ( مصطفى فهمي).

الذي وجه النظر لضرورة العناية بالتربية والتنشئة الاجتماعية لأنه اعتقد بان سلوك العدوان متعلم، واهتم كذلك بدراسة تاريخ الأسرة وأثرها في حياة الطفل الانفعالية في تفسير العنف والعدوان الذي يؤدي للجنوح.

واهتمت كارن هوري: K.Horney بالناحية الثقافية، واثرها في خلق الاضطرابات والانحرافات وكذلك اثر العوامل الاجتماعية في اكتساب القلق، وكانت

ترى أن القلق الأساسي ينشأ عن شعور الطفل بالعجز في عالم ملى بالعداء والتناقض ، وأن هذا القلق يدفع الفرد إلى أن يتخذ من العالم الاتجاهات الثلاثة:

- اتجاه ضد الآخرين.
- اتجاه مع الآخرين.
- الانسحاب بعيداً عن الآخرين.

وتنظر هورني إلى ( العدوان/ الجناح) على إنه أسلوب تكيف للقلق، وترتبط بين أشكال ( العنف / الانحراف) وبين الحاجة العصبية للتملك والشهرة، والسيطرة والحب وغيرها مما يزيد القلق ويقلل الأمان.

وقدم ايخهورن نظرية ( الجناح الكامن) ( فرج أحمد فرج 1964)، وترى (فريدلاندر) ان هذا المفهوم يعتبر الاسهامات الأساسية في فهم شخصية انحرافات المذنبين، والذين يمارسون العنف/ العدوانية.

وقد وجه هذا المفهوم الأنظار إلى دراسة الاضطراب الأساسي المؤدي إلى نشوء وتكوين الشخصية( العدوانية/ الجانحية). وأن أهم النتائج المترتبة على هذه الدراسات هو أنها أوضحت أثر اضطرابات الظروف البيئية على نمو الانا لدي الطفل وما ينجم عن ذلك من اضطرابات في قيام الانا الأعلى بوظيفته.

فد فطن ايخهورن إلى ان السلوك ( العدواني/الجانح) كثيرا ما يؤدي إلى ظهور خبرات ليست في حد ذاتها ذات طبيعة صادمة، كما أنه فطن إلى أن مثل هذه الخبرات تؤدي إلى سلوك معاد للمجتمع إذا ما كان هناك استعداد لمثل هذا السلوك، وكان

ايخهورن يرى ان مثل هذا الاستعداد ليس إلا توقف الشخصية عن النمو والارتقاء فهو يرى أن الانا لدي( العدوان/ الجانح) لا يزال خاضعاً لسيطرة مبدأ اللذة، وأن هذا هو السبب في الإعراب عن الحوافز والنزاعات بصورة اكثر يسراً وسهولة، مما نجده عادة لدي الشخص الذي يحكم الانا لديه مبدأ الواقع.

وتتجلى أهمية هذا المفهوم في نواحي كثيرة، إذ أننا نعرف جيدا أنه لا يمكن التحكم في (العدوان/ الجنوح) الا باستخدام برنامج فعال ومجد للوقاية.

وإذا كان هذا الاستعداد مرجعه ، هو بناء الشخصية وليست خصائص موروثة فإن علينا أن نفهم العوامل التي تسهم في حدوث هذا الضرب من السلوك، مثل أن تستطيع القيام بأية إجراءات وقائية فعالة إذ انه من المعروف من وجهة النظر العلاجية أن الطرق التي تتناول العوامل المكونة هي وحدها التي تستطيع أن تحدث تأثيرا مثمرا.

وإذا وضعنا في الاعتبار الفرض القائل بأن العوامل البيئية تؤدي إلى اضطراب عملية التعديل المبكر للغرائز وإلى اضطراب العلاقة بالموضوع مما ينجم عنه ما يسمى بـ " التكوين الشخصي المعادي للمجتمع" وان نتائج الحالات التي تم تحليلها، وكذلك نتائج الحالات الكثيرة التي تم فحصها تبرر كيف أن هذا الانحراف في الشخصية كان نتيجة اضطراب نم " الإنا"، ويحدث هذا حين تحول أساليب عديدة دون تعديل النزعات الغريزية المعادية للمجتمع أو عندما يتم هذا التعديل بصورة جزئية فقط.

التحليل العاملي

واهتم أنصار " التحليل العاملي " بسمات الشخصية اللاسوية، في حالات العصاب والذهان والجناح والعدوان، ودراستها وقياسها ومحاولة الوصول إلى النمو الذي تسير عليه في تجمعاتها.

وكان أهم من اتجهوا هذا الاتجاه جيلفورد، كاتل، ايزنك وسيرل بيرت:

فقد اهتم جيلفورد بقياس أبعاد شخصية ( الحديث الجانح/ الطفل العدواني) دون عناية كبيرة إلى الكثير من العوامل الاجتماعية أو الديناميكية لتكوين هذه السمات في شخصيــــة ( العدواني).

أما كاتل : فقد وصف كثير من سمات ( العدواني/الجانح)، وفيها عدم الاستقرار الانفعالي ، القدرة على الكبت ، القلق ، الانقباض، ثم اهتم بأثر الظروف الاجتماعية، وعلاقة الطفل بالمجتمع.

واهتم أيزنك بتحديد مفهوم ( الجانح/العدواني) في ضوء سمات سلوكية معينة تتجمع في صورة عوامل يمكن أن تكون سمات غالبة له، ولهذا نجده يعتبـر ( الجانح/العدواني) فرداً يمتاز بالسمات التي تدخل تحت عامل العصابية العامة، ويضع الجانحين في فئة العصابيين الابساطيين.

يشبه ذلك ما وجده روبرت آندري في دراسته على مجموعة من الأحداث المودعين في المؤسسات من أن هناك ظروفا اجتماعية معينة تسهم في خلق مشكلة (العنف/العدوان) وبالتالي تؤدي إلى الشخصية الجانحة وكان أهمها:

- الحرمان النفسي من الأم.
- انعدام الحب المتبادل بين الطفل ووالديه.
- أسلوب التنشئة الاجتماعية الذي يقوم على النبذ والعقاب.
- الانفصال أو التفكك الأسرى.

(هـ)أما بيرت فقد اهتم بعملية" التنشئة الاجتماعية والعلاقات بين الوالدين".

وكان للاتجاه النفسي الاجتماعي في تفسير ( العنف/الجنوح) أثره الواضح في التوصل إلى نتائج أفضل ، فقد أفاد هذه الاتجاه من ثلاثة مصادر هي:

- الدراسة النفسية الاجتماعية.
- دراسات الطب العقلي والنفسي.
- دراسات أصحاب المدرسة السيكوديناميكة ( لمدرسة السلوكية الجديدة).

فقد أصبحت درسات ( العنف / الجنوح) تهتم ببيئة ( العدواني/ الجانح) ، ويعتبر العنف جانباًُ من مشكلة اجتماعية أكبر، وعلى هذا فلم يعد الاهتمام مركز فقط كما يرى أصحاب مدرسة التحليل النفسي على الاثار اللاشعورية بين الطفل ووالديه ، أو على القوى اللبيدية المسئولة عن خلق الاضطرابات والانحرافات بل أيضاً على المشكلات الاجتماعية والأوضاع الثقافية وأثرها في العلاقة بين الطفل ووالديه، ثم في تنظيم شخصيته.

كذلك وجه العلاج النفسي الاهتمام بالموضوعات والمؤثرات الاجتماعية المختلفة في خلق الاضطرابات النفسية عند الأطفال ومنها موضوعات الحرمان من الرعاية الأموية أو النبذ الأموي للطفل.

ومن حيث ميدان "البحث الاجتماعي النفسي" بدأ الاهتمام بأساليب التربية واتجاهات الآباء نحو الأطفال يأخذ مكاناً مهماً في تفسير ديناميات الاضطرابات السلوكية.

وكانت نظرية "ساذر لاند Sutherland الارتباط المغاير "Differential Association" (أحمد محمد خليفة:1962) محاولة لوصف تأثر الأفراد بالبيئة الاجتماعية، وما يترتب على ذلك من اتجاهات نحو السلوك (العدواني / الإجرامي) وتفسر هذه النظرية السلوك الإجرامي كأي سلوك على أنه مكتسب بالتعلم بكل ما تتضمنه هذه العملية من عناصر وميكانيزمات مألوفة.

ويتم هذا التعلم عن طريق مخالطة الآخرين والاتصال بهم وعلى الأخص نطاق الجماعات ذات الارتباط كالأسرة وجماعة اللعب.

ويتضمن هذا التعلم توجيه الحوافز والبواعث إلى لاسلوك (العدواني / الإجرامي) إذا رجحت النعوت المجندة لانتهاك القانون على النعوت المعارضة لهذا الانتهاك.

بمعنى أن الشخص يكتسب من بيئته واتصالاته المختلفة لعناصر هذه البيئة ، آراء مختلفة تحبذ السلوك الاجتماعي، أو تشجع على عدم التزامه، فإذا رجحت كفة

الآراء الأخيرة، مالت الشخصية إلى (العدوان / العنف) مما يؤدي إلى أحد أوجه السلوك الإجرامي بعضها أو كلها، ويضيف ساذرلند أن الاتصالات أو الارتباطات المختلفة ليست جميعاً في قوة واحدة، فإن قوتها تتراوح على أساس التكرار Frequency والاستمرار Duration والأولوية Priority والشدة Intensity.

كذلك وجه "العلاج النفسي" الاهتمام بالموضوعات والمؤثرات الاجتماعية المختلفة في خلق الاضطرابات النفسية عند الأطفال، ومنها موضوعات الحرمان من الرعاية الأمومية أو النبذ الأموي للطفل، وتمثل دراسات جون بولبي J.Bowelby نقطة أبعد في ميدان الاتجاه الاجتماعي النفسي في تفسير الاضطرابات والانحرافات السلوكية، خاصة في دراساته عن النجاح وعلاقته بالحرمان من رعاية الأم، والعلاقات المضطربة بين الوالدين، والعلاقات الزوجية النفسية.

المدرسة السلوكية الجديدة

أما "المدرسة السلوكية الجديدة"، فيمكن تلخيص وجهة نظرها في تفسير (العدوان / الجناح) فيما ذكره (ماير) أن الجناح استجابة نمطية مدعمة للتوتر والقلق الناجمين عن استمرار الإحباط.

بينما عرضت (ميرل) تفسير ماير للجناح من أنه استجابة نمطية غير موجهة، وأكدت أن الكثير من أساليب الجناح تحقق حاجات معينة، وتشبع دافعاً قوياً اجتماعياً.

أما "مورر" Mowrer فقد اهتم في دراساته بعملية التطبيع الاجتماعي وأثرها في تعلم القيم وامتصاصها، وأن (العدوان، الجناح) قد فشل في أن يمتص الكثير من عوامل الضبط الخارجي التي يمكن أن تكشف عدوانه الموجه للخارج.

ومن وجهة نظر (نظرية الذات) (Hall Calvin:1957) فإن (العدوانية / الانحراف) يتحقق في حالة إذا جهل الفرد خبراته الحقيقية وأنكر رمزيتها، وتصرف بأساليب سلوكية غير موافقة مع الذات وكذلك في حالة تكوينه الخبرات التي لا تكون مطابقة وموافقة مع تكوين الذات، وبالتالي فإنه يدرك هذه الخبرات على أنها مهددات لذاته.

وأن الفرد يكون معرضاً كذلك للقلق والإحباط الذي يؤدي به إلى (العنف / الانحراف) والعدوان في الحالات الآتية:

عدم تعلم الفرد القدرة على التمييز في أن بعض الأشياء ينتمي إليه، وأن بعضها الآخر ينتمي إلى الآخرين (البيئة).

إدراك القيمة المرتبطة بالخبرات المنعكسة أو المأخوذة من الآخرين بصورة محرفة.

تكوين صورة عن الذات لا تكون مطابقة للحقيقة والواقع.

اختيار الفرد أساليب السلوك التي لا تتفق مع مفهومه عن ذاته، وكذلك توجد حالة عدم التوافق النفسي عندما يكون الفرد مفهوماً عن ذاته يكون غير متفق مع كل الخبرات الحسية والحشوية لديه، أو ربما لا تكون متشابهة على مستوى رمزي في علاقات موافقة مع المفهوم عن الذات مع عدم إدراكه لذاته إدراكاً سليماً الأمر الذي يؤدي به إلى عدم فهم الآخرين وبالتالي إلى عدم تقبلهم.

ومن هذا العرض السابق للاتجاهات النظرية والآراء المختلفة التي تناولت (العنف / العدوان / الجناح) بالتفسير نجد أنها انتهت إلى استبعاد السبب الواحد، أو التركيز على بعض الأسباب دون الأخرى، ودعمت الاتجاه نحو الأخذ بتعدد الأسباب بما في ذلك الجو الأسري، والبيئة الخارجية المحيطة وأسلوب التنشئة الاجتماعية بالإضافة إلى نظره الحدث نفسه إلى ذاته ونظرته للآخرين، وأنواع الاستجابات التي

كونها عن ذاته في علاقاتها مع الآخرين، وقد أرجع مصطفى فهمي تفسير (العنف / العدوان) في الوقت الحاضر إلى الأسباب الآتية التي نجملها بما يلي:

أولاً: عوامل بيئية: وتنقسم إلى:

- عوامل بيئية داخل المنزل، ومنها حالة المنزل من الناحية الاقتصادية، وانهيار الجو الأسري، وأسلوب التربية في الأسرة والحالة الأخلاقية في الأسرة.
- عوامل بيئية خارج المنزل: ومنها مشاكل الرقابة، وصحبة رفقاء السوء، ومشاكل وقت الفراغ، والأثر السيئ للسينما ومشاكل العمل في المدرسة أو المصنع.

ثانياً: عوامل نفسية:

- ويمكن أن تقع أعراض الاضطرابات السلوكية في أحد الفئات الآتية:
- أعراض ترجع إلى نزعة عدوانية.
- أعراض ترجع إلى ضعف الشعور بالخطيئة أو غيابه.

أما عن الأعراض الأولى فإنها تنشأ بصفة خاصة نتيجة الحرمان الأموي، وعدم إشباع حاجات الطفل الأساسية، ويكون هذا السلوك العدواني على شكل (تمرد – هروب – تخريب).

أما عن الأعراض الثانية (كالسرقة – الكذب – الاعتداء الجنسي) فإنها ترجع في أساسها إلى الاضطرابات تكوين الأنا الأعلى.

ثالثاً: النظريات المفسرة للعنف ( من منظور علماء الاجتماع)

تعددت النظريات التي حاولت تفسير جوانب عملية التنشئة الاجتماعية وعلاقتها بسلوك العدوان عند التنشئة الاجتماعية وعلاقتها بسلوك العدوان عند النشئ.

ففي نظرية "التفاعل الرمزي" نرى أن الكائنات الإنسانية تسلك إزاء الأشياء في ضوء ما تنطوي عليه هذه الأشياء من معان ظاهرة لهم، وأن هذه المعاني هي نتاج التفاعل الاجتماعي في المجتمع الإنساني، ويرى أصحاب هذه النظرية أن الجانب الأهم في التنشئة يقع على عاتق الأم، ويشاركها في ذلك الآباء والأجداد والمعلمون (Zigler،1969) كما أن التنشئة الاجتماعية تعتمد على العمليات التفاعلية وعلى المعاني المكتسبة للذات والآخرين، وهذا يؤكد على اختلاف أدوار الأسرة والرفاق والمدرسة في دعم هذا التنميط، كما يرى أصحاب هذه النظرية أن العدوان سلوك يتم تعلمه من خلال عملية التفاعل، وقد يتم تعلم الأطفال السلوك العدواني (العنف) بطريقة مباشرة عن طريق القدوة التي تتمثل لدى أعضاء الأسرة كما يمكن أن يكتسب الأطفال سلوك العدوان (العنف) على اعتبار أنه شيء مستحب في مواقف معينة، وأنه وسيلة لحل المشكلات والصراعات، وهو الطريقة الوحيدة للحصول على الاحتياجات، وأداه ضرورية للنجاح في الحياة، وبذلك فإن بعض الآباء لا يمانعون في تدريب أبنائهم على الخشونة، لأنهم يعتبرون العنف (العدوان) جزءاً ضرورياً من الحياة ونمطاً سلوكياً مرغوباً خاصة عند الذكور، وبذلك يكون العدوان سلوكاً متعلماً ويمكن تجنبه أو التخفيف من حدته عن طريق تغير مضمون عملية التنشئة الوالدية، وإحداث بعض التغيرات الثقافية ومشاركة المدارس ووسائل الإعلام لعملية التغير

. ( 1975،Elkin & Handle

ويرى أصحاب "النظرية السلوكية": أن التنشئة الاجتماعية التي تطبق على الفرد تتضمن تغيرات في السلوك تنشأ عن التجربة أو الخبرة أو نتيجة لارتباط المثير بالاستجابة والتعزيز الإيجابي والسلبي بالسلوك

(الخولي: 1984).

في حين يرى أنصار نظرية "التعلم الاجتماعي": أن السلوك العدواني (سلوك العنف) متعلم في غالبه عن طريق ملاحظة نماذج العدوان (الوالدين، المدرسين، الجيرة، الرفاق،...الخ) حيث يقلد الفرد من يقوم بالعدوان -خاصة- إذا حصل هذا النموذج على مكافأة لقيامه به، أو إذا توقع أن نتائج سلوكه ستكون إيجابية.

.(1979،1995"Lockstey & Douvan،Newman & New man)

وهكذا يمكن إجمال إلى المفسرة " للعدوان / العنف "والذي قد يؤدي إلى الجنوح أحياناً من خلال عدة مناظير / الرؤى كما أوردها (عبد الحفيظ إسماعيل / 2001) فيما يلي:

المنظور البيولوجي: المجرم بالفطرة.

المنظور الإكلينيكي:العدوان كنمط من أنماط السلوك الإجتماعي.

المنظور الدينامى – النفسي: الشخصية السيكوباتية ومدى الصحة النفسية لدى (العدواني الجانح).

المنظور الاجتماعي: (المحى الثقافي "العدوان والعنف توحداً مع سلوك الجماعة" – المنحنى الاقتصادي " الغنى والفقر كعاملين أساسيين في العنف / العدوان".

المنحى البيئي الايكولوجي " التوزيع الجغرافي للانحراف حسب تصميم المدينة "المنحى التفاعلي" الوصم بالسلوك الشاذ من طرف المجتمع يؤدي إلى استمرار السلوك المنحرف".

- المنظور التحليلي النفسي: وجهة نظر المدرسة التحليلية من خلال:
- فرويد: الجنوح ناتج عن "أنا على" عنيف.
- أيشهورن " : الجنوح ناتج عن أنا أعلى "غائب أو ضعيف جداً.
- ناشت: الجنوح ينتج إما عن " أنا أعلى" ضعيف لا يقاوم الغرائز، أو "أنا أعلى" عنيف يبحث عن العقاب من خلال مروره إلى الفعل.

- ميلاني كلاين ووينى كونت: تناولا اضطرابات العلاقات الأولية و أهميتها في نشوء سلوك العدوان / العنف/ الجنوح.
- كيستنرغ: تشكل بالنسبة إليه (عقدة أوديب) نواة البيئة النفسية، وتمر عبر الموضوع قبل أن يكون الموضوع نفسه مدركاً.
- برونشويك وكيشان: بالنسبة لهما كلما استثمرت الشبقية الذاتية بشكل مبالغ فيه، أدت إلى اضطرابات على مستوى توزيع الطاقات النفسية ثم تناول التنشئة الاجتماعية والأدوار الأساسية في عملية التقمص من خلال:
- فافز بيطوني: وترجع العدوان / الجنوح إلى القصور في النضج.
- انا فرويد - سبيتز ولاكاش: يرجعان الجنوح إلى التماهى بالمعتدي.
- بالنسبة لمنظور المدرسة البلجيكية، فيرى كل من "دوبيست" و "جوس" أنه بالإضافة إلى قصور العاطفة، فعدم التناسق في تكوين الشخصية ينتج عنه اضطرابات في العلاقات وعدم التواصل الشفوي.
- أما بالنسبة (للعدوان / العنف / الجنوح) من خلال منظور علم النفس الاجتماعي للأدوار حسب كل من:
- روش بالف سبانلي: فيعتبر أن الشخصية تتكون بالاتصال مع الأدوار وتتقوي فاعليتها بالالتقاء مع الآخر.
- بارسونس وكاليس:تتكون الشخصية بالنسبة لهما باتصال بالأدوار واستضمارها، واستبطان لها، وما هو مستضمر ليس فقط صورة مجتمع، ولكنه عبارة عن علاقة متبادلة بين الأشخاص.

- لاكاش: وينتج (العنف / الجنوح) بالنسبة له عن اضطراب في عملية التقمص.
- بالإضافة للنظرية الاقتصادية في الفكر الشيوعي -الذي تهاوي- كما أوردناها بداية.

رابعاً: نحو صياغة نظرية جديدة لتفسير العنف:

من المنظور الإسلامي

بعد العرض النظري السابق لأهم نظريات العنف لدى مجموعة من العلماء الذين انحدروا من ثقافات متنوعة وبالتالي شكلوا رؤى نظرية مختلفة أو متسقة في بعض الحالات ومختلفة في حالات أخرى، نرى أنه قد جاء الدور علينا في محاولة متواضعة لوضع صياغة نظرية جديدة تتسق والثقافة العربية، هذه الثقافة ذات الخصوصية المتميزة منذ سطعت شمس الإسلام وعمت أرجاء الكون فشملت مشارق الأرض ومغاربها بالفتوحات الإسلامية والحضارة الإسلامية العريقة التي تعتبر أرقى الحضارات قاطبة لأنها حضارة قامت على الروح والعقل والوجدان و لأن حضارة اكتملت عناصرها وبواعثها لأن دستورها هو القرآن والذي قال عنه المولى عز وجل "إنا نحن نزلنا الذكر وإنا له لحافظون" (الحجر:9) ولأن رسولها هو محمد صلى الله عليه وسلم خاتم الرسل والأنبياء ولأن لغتها هي اللغة العربية هذه اللغة العبقرية كما قال عنها المستشرقون الأجانب بل العرب أنفسهم.

ونحن حين نتحدث عن محاولة لصياغة نظرية جديدة لتفسير العنف، فليس معنى ذلك هدم كل النظريات السابقة أو الاستخفاف بها والتعصب الأعمى لمجرد

أننا مسلمون أو عرب وننتمي لحضارة عربية إسلامية، ولكن معناه غربلة ما ورد في هذه النظريات بحيث يمكنا إفراز ما يتسق وثقافتنا العربية وهويتنا الإسلامية.

فالحضارة الإسلامية ذاتها انفتحت على الحضارات السابقة لها وكان بعض هذه الحضارات وثنياً، فأخذت منها ما يتسق وأيديولوجيتها ونبذت مالا يتماشى معها وفي إطار من الحوار البناء الهادف الذي يسعى للسلام وليس للعنف، والآيات التي تحدثت عن السلام في الإسلام كثيرة بل اشتق السلام من الإسلام، فالإسلام ليس دين عنف ولا تطرف ولا إرهاب كما يحلو لأعدائه أن يروجوا له، بل أن المروجين لهذه الشعارات هم أنفسهم الذين نرصد عبر إحصائياتهم مبلغ العنف (كماً وكيفاً) ذلك الذي يمارسوه سواء فيما بينهم أو ضد الشعوب الأخرى الأقل قوة منهم وسواء على المستوى الاقتصادي أو العلمي ...الخ.

لقد دعا الإسلام عبر النص الصريح القرآني إلى السلام: ( ) (وإن جنحوا للسلم فاجنح لها وتوكل على اللـه إنه هو السميع العليم)

(الأنفال:61).

لذلك صاغ الإسلام نظريته لتفسير العنف بالرجوع أولاً إلى الإنسان ثم إلى الطبيعة الإنسانية في الإسلام...كيف يراها؟ حتى يتسنى لنا وضع تصور نظري تفسيري لعنف الإنسان في ضوء رؤية الإسلام لطبيعة الإنسان نفسها.

والموضوع أكبر وأعمق من العرض له تلخيصاً وببساطه، لأنه لم يزل محل خلاف بين بعض العلماء.

فالإسلام يرى "الطبيعة الإنسانية" مكونة من جسد وعقل وروح ونفس، وهنا نقاط الاختلاف بين العلماء، وبعض العلماء رأى أن الروح مختلفة عن النفس ودللوا على ذلك بالآيات والأحاديث والمبررات، وبعضهم رآها واحدة أي أن النفس هي الروح والروح هي النفس، ولكننا نميل إلى ترجيح الرأي الأول وهو أن الإنسان مكون من جسد وعقل وروح ونفس ولدينا أيضاً مبرراتنا. فإن اللـه عندما تحدث عن النفس قال: (ونفس وما سواها فألهمها فجورها وتقواها)

(الشمس:7-8).

وغيرها مما يدل على أن موضوع النفس في الإسلام مما يفيد بأنها قد تأتي بالفجور أو الرذائل أو السوء أو المحرمات أو ...الخ.

وإن كانت لا تحث على كل ما هو متدني فقط بل هي أيضاً تحث على التقوى.. وفي مراتب تصنيف النفس قال علماء الإسلام أيضاً: أن هناك النفس اللوامة... والنفس الأمارة بالسوء النفس المطمئنة..الخ.

واللوامة هي التي تنهى عن المعصية دائماً وهي بمثابة الضمير الإنساني أو الأنا العليا، التي تتبنى المنظومة القيمة الأخلاقية المرجعية للإنسان.

أما عند الحديث عن الروح فقد أتت بشكل غامض (ويسألونك عن الروح قل الروح من أمر ربي وما أوتيتم من العلم إلا قليلاً)

(الإسراء:85).

وغيرها مما ثبت بالأحاديث الشريفة عن أن الروح هي صانعة الحياة وأن خروج الروح من الجسد هو الموت وما شابه.. (يمكن مراجعة المصادر الدينية التي تتحدث عن النفس وعن الروح..)

فالروح عادة "طاهرة" لأنها من عند الله، والإنسان الروحاني هو الذي فاقت نزعاته الروحية نزعاته المادية وغرائزه.. وهذه لا علاقة لها بالسلوك الذي يعني نظريا (التطبع) وإنما هي تتعلق بالطباع كما حدثنا العرب قديما عن طبائع الإنسان (ارجع للمراجعة الخاصة بذلك).

والإنسان الروحاني مجبول على الطهر وعلى النقاء وعلى الشفافية فإذا ما صدر عنه سلوكاً عنيفاً فإن حالة شاذة ربما دفع إليها أو اضطر لها أو اضطر لها بسبب بعض الدوافع الضاغطة سواء داخلياً أو خارجياً.

أما الإنسان المادي فإنه أسير شهواته وغرائزه لأن مساحة المادة لديه أكبر من مساحة الروح وليس معنى ذلك أن كل إنسان مادي بالضرورة يكون عنيفاً ولكنه مهيأ نفسياً لذلك إذا استدعى الأمر.. على عكس الإنسان الروحاني.

وتتضح هذه عند (الغضب) و (الثورة) فبعض الناس (أو أغلبهم)* نراهم منفعلون عصبيون وتستجمع كل قواهم الجسدية والعقلية معاً فينزعون للعنف وقد يترجمونه إلى سلوك مادي واضح، وبعضهم يتمالك نفسه ويفكر قبل الطيش والإقدام على سلوك أحمق وهذا الذي وصفه رسول الله صلى الله عليه وسلم "ليس الشديد منكم بالصرعة ولكن الذي يملك نفسه عند الغضب" (متفق عليه).

وفي حديث الرسول صلى الله عليه وسلم مالا ينفى الغضب ولكن ما يُعلى من قدر إرادة الإنسان في التحكم في انفعاله حتى لا يتهور ويندفع ويأتي بسلوك عنيف، إنها فلسفة "التسامي والمقاومة للشر والتعقل والتروي والحكمة والحلم والأناة والصبر وكظم الغيظ..الخ".

إذن الغضب موجود عند الناس قد يؤدي بهم إلى عدوان وعنف صريح وقد يكون مؤجلاً إما مؤجلاً وقتياً (لحين تحين الفرصة لرد العدوان، كما في عادة الثأر مثلاً). إذ يمكن اعتبار الثأر: عدوان وعنف مؤجل بصرف النظر عن مشروعيته أو عدم مشروعيته...

---

* الغضب هو: انفعال طبيعي في الإنسان لكن بدرجات متفاوتة ومختلفة بين الناس وبعضهم، وبين المواقف المختلفة للإنسان الواحد.

ولكن بعض الناس عندما يتعرضون لعنف الآخرين نجد أن رد فعلهم ليس عنيفاً أو (غضبياً) وإنما تخور قواهم تماماً (أي لا يستجمعونها مثل المعتدين، ولا أعني هنا هؤلاء الضعفاء في بنيتهم الجسدية أو المحكوم عليهم بالضعف (لمستواهم الاجتماعي أو الاقتصادي أو...الخ) أو المضطرين للضعف في مواقف العدوان والمبارزة بسبب الخوف من الخصم على طريقة (مجبر أخوك لا بطل) لا أعني هؤلاء.

لكني أعني الإنسان الطبيعي العادي القوي الذي يمكنه في مواقف العدوان والمبارزة أن يغضب ويستجمع قوته ويرد على العدوان بالمثل أو حتى يكظم غيظه.

ولكن لا يفعل شيئاً من هذا كله،إنه في حالة إنسانية روحية عالية أنه لا يعنف خصمه ولا يرد على عنفه بعنف مماثل لأنه يتحول في هذه اللحظة إلى محب له ومشفق عليه ويرثى له وتندهش من اندفاع الآخر المعتدي عليه نحوه ويتساءل في صدق: لماذا كل هذا العدوان لماذا مساحة العنف تتسع في لحظة هكذا!؟ ولا أعني بذلك أن يتخذ هذا الموقف مع أعداء الدين والوطن وإلا أصبح هذا الموقف جبناً ونذالة.

ولكني أعني به موقفه مع الزملاء -الجيران- الأهل وما شابه ممن تربطه بهم علاقات اجتماعية تتفاوت في الدرجة من الحميمة إلى العادية.

لكن مثل هذا لا إنسان هو ما أطلقت عليه الإنسان الروحاني، أو الشفاف، أو النقي وهو غير متكالب على متاع الدنيا أو ملذاتها.. أن لذته القصوى هي حقيقة في مدى قربة من الـلـه، والشوق للقائه، وهو قد يعيش مضطراً عملاً بالحكمة:

(اعمل لدنياك كأنك تعيش أبدا.. واعمل لأخرتك كأنك تموت غداً )

هو في الواقع يعمل لدنياه اضطراراً لأنه ليس بوسعه الاعتراض على مشيئة الـلـه في حياته ومدى طول عمره ولكن لأن الـلـه يسكنه في جناته ويسكن روحه في كل صغيرة وكبيرة نجده حالا رقيقا روحانياً لا يبالي بالشكيات والماديات كثيراً بل بالجوهر ودائما يبحث عن المطلق والأصالة.

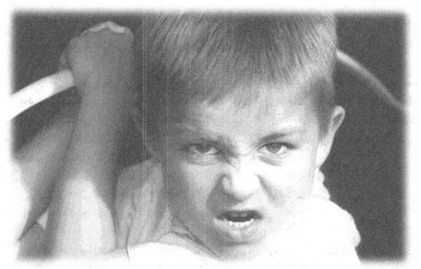

هذا الإنسان المجبول بفطرته على ( السلام) لا يمكن أن يكون عنيفاً، وإذا اضطرته المواقف للعنف فإن العنف يكون في حياته هو الشذوذ عن القاعدة وهو الاستثناء وليس قابلاً للتكرار الـلـهم إلا نادراً.

في هذا التحليل يمكن القول بأن بعض جوانب النظرية القائلة بأن (الفطرة) لها علاقة بالعنف إنما هي صحيحة إلى حد ما.

لكنا لو اقتصرنا تفسير دوافع العنف على نظرية واحدة قطعية لكان هذا التفسير قاصراً خاطئاً بلا شك..

إذ لا يمكن إغفال العوامل النفسية الدافعة للعنف وحالة الشخص المزاجية وحالته الصحية وبعض تأثير الهرمونات (من حيث كمية إفرازها المعتدلة أو القليلة أو الزائدة).

فكثير من الأبحاث أكدت أن بعض حوادث "قتل الزوج" إنما تأثرت بفترة الدورة الشهرية عند النساء، وهي فترة حرجة يتضاعف معها العنف والغضب والانفعال للمرأة وتصبح بحاجة لاحتواء الآخرين المصاحبين لها وليس بمواجهتهن بمواقف مثيرة.

وكذلك أشارت نتائج بعض الأبحاث إلى ارتفاع نسبة الخلافات الزوجية، والتي قد تؤدي إلى وقوع الطلاق أحياناً، أيضاً في فترة الحيض، أو ما يتعلق بأمراض لها تاثير على إفراز الهرمونات المثيرة للغضب (الأدرينالين) كما يحدث عند مرضى البول السكري، فمن المعروف أن المصاب بهذا المرض تحدث له تغيرات فسيولوجية قد تؤثر بالتالي وبالضرورة على حالته المزاجية ويصبح أكثر استهدافاً للعدوان والعنف.

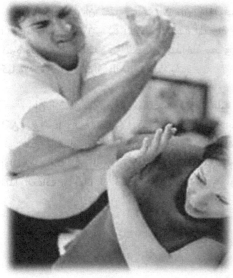

وبالتالي فإن تفسير العنف من هذه الزاوية وأرد أيضاً بالإضافة لما ذكرناه عن الطبيعة الإنسانية من قبل.

ولم ينته التفسير بعد..

ذلك أن الإنسان هذا الكل المتشابك المتعقد أكثر بكثير من مجموع وحداته منفصلة، نتيجة للتفاعل الداخلي بين مكونات أعضائه (نفسياً وجسمياً) وبينه هو والعوامل البيئية الخارجية المحيطة أياً كان نوع هذه العوامل عوامل اقتصادية -اجتماعية-طبوغرافية-سياسية-دينية..الخ، فضلاً عن عوامل تاريخية تتعلق بالتاريخ الشخصي للإنسان ذاته قبل موقف العنف وما يتعلق بهذا الموقف تاريخياً من ذكريات مؤسفة أو سارة.

مرة أخرى أن تفسير عنف الإنسان والوقوف على الأسباب الحقيقية مسألة في غاية التعقيد والدهشة، إن هذه اللحظة الكثيفة المسماة بـ (العنف) إنما تعني (رد فعل) مجموعة كبيرة ومتشابكة ومعقدة من العوامل المتداخلة معاً والمتنوعة كما ذكرنا ووفقاً للطبيعة الإنسانية كما وردت في نص القرآن والحديث الشريف.

إن الإنسان قد يتعرض لموقف ما، قد يرد عليه (بعنف صارخ) وقد يتعرض لنفس الموقف لكن في ظروف مغايرة فقد يرد عليه بحنان وهدوء وربما بحب واحتواء أو حتى بإبتسامة.. فالمسألة نسبية إذن..وليس أدل على هذا مثلاً من موقف الآباء مع أولادهم، أننا أحياناً قد نعاقب الطفل بقسوة على سلوك قد لا يستحق كل هذا العقاب وأحياناً لا نعاقبه على الإطلاق - أو نعاقبه بدرجة أقل- على سلوك آخر

يستوجب الردع والعقاب، ولا سبب أو تفسير لذلك إلا فيما يعود لحالتنا المزاجية والنفسية عند استقبال الموقف.

إنه كما يمكن القول بأن العوامل البيئية المستفزة للعنف إذا لم يمكن استيعابها جيداً قد تؤدي إلى سلوك عنيف، وقد يستوجب عنف الآخرين معنا (العنف المضاد) من بأسلوب مبدأ: لكل فعل رد فعل مساو له في المقدار ومضاد له في الاتجاه (ومع مراعاة نسبية أينشتاين).

فأنت قد لا تكون عنيفاً على الإطلاق بل مسالماً تماماً فإذا بكل شيء حولك يستفز غضبك وعنفك بدرجة أو بأخرى فتضطر للعنف وقتها..

مثال: عنف وسائل المواصلات العامة وما يحدث منها، عنف الزحام حتى في الأماكن المقدسة مثل أيام الحج والعمرة (ولقد لمسته بنفسي مرات).

وعنف يتعلق بارتفاع درجة الحرارة، فنجد أنه في الأوقات الحارة يتزايد العنف كما تناولت بعض الأبحاث هذه العلاقة..

وهناك عنف ناتج عن الاحباطات سواء الاحباطات في الحياة بشكل عام أو الاحباطات المهنية، لأن سلسلة الاحباطات التي قد يمر بها الطلاب الأكفاء قد تولد بداخلهم حقد ما، وعنف ما عندما لا يكون التقييم لهؤلاء تقييماً موضوعياً، وكما يحدث في الاحباطات التي يتلقاها الموظفون من رؤسائهم أو طلاب البحث العلمي من مشرفيهم حين تغيب عن نفوسهم مبدأ القدوة وتنزع من قلوبهم الرحمة ويتملكهم هذا العنف المستبد لممارسة بعض أنواع الظلم والقهر لطلابهم أو مرؤوسيهم، لا لشيء إلا لإرضاء نزعات مرضية في نفوسهم أو تصفية حسابات لا دخل للطالب بها أو لوشايات حقيرة أو لاستخدام مبدأ القوة للترأس وقهر الآخرين وإشباع رغباتهم الذاتية في الإحساس بالتفوق والعظمة والتمتع بذل الآخرين لهم ناسين: أن اللـه فوق كل جبار عنيد.

ربما بعد العرض السابق نستطيع صوغ نظرية جديدة لتفسير العنف، هي نظرية مؤلفة من بعض النظريات السابقة فهي متأثرة بنظرية الطب النفسي وبنظرية تأثير البيئة وبنظرية الدوافع والتحليل النفسي (وفي ضوء نظرة الإسلام للطبيعة الإنسانية)..

إنها لا تقول بسبب واحد ولكن بمجموعة من الأسباب والعوامل المتداخلة معاً، هذه العوامل تتعلق في نفس الوقت الشخص الذي يمارس العنف، تتعلق بطبيعته، بهرموناته، بمزاجيته، بتاريخه الشخصي، بمعتقداته وثقافته، بأيديولوجيته.. وبلحظته الراهنة الكثيفة التي هي محصلة مجموع العوامل معاً والتي تفاعلت بشكل ما، تفاعلا - يكاد يكون كيماوياً - فأنتج مركباً جديداً إسمه (العنف)، فالعنف إذن محصلة معادلة معقدة شديدة التعقيد لمجموع العوامل الطبيعية والذاتية والنفسية والاجتماعية والبيئية والاقتصادية و ... والتي تؤثر في الإنسان!

**وعلى هذا يمكن القياس عند تفسير العنف المدرس!!**

**فعندما نحلل هذا المثال البسيط:**

**(طالب يضرب أستاذه أو ....الخ)**

**فالمنظومة القيمية هنا مقلوبة، فالعكس قد يجوز إذا اعتبرنا الأستاذ بمثابة الأب والمربي وأن التأديب بالضرب مشروع في بعض الثقافات في بعض الأحوال*.**

**فإذا ما عدنا للمثال السابق وحللناه وقلنا بدهشة: كيف يضرب الطالب أستاذه؟**

**إذن التساؤل (بكيف) يعبر عن منتهى الدهشة ويشير إلى انقلاب الهرم في منظومة التعليم وانهيار العلاقة بين الطالب والأستاذ.**

**إذن معنى هذا مجموعة من الدوافع (داخلية وخارجية)، وعند سؤال الطالب فإنه قد يقول بعض الأسباب الحقيقية وبعضها الذي لا يدركه هو بنفسه، فقد يتهم الطالب الأستاذ بأنه اعتدى عليه، ولأن مسألة الندية الآن بين الطالب والأستاذ صارت مبدأ جديداً أفرزته الصَرعَات والعولمة، فإنه قد صار من الطبيعي - ومن وجهة نظر**

---

* مثل الضرب على الصلاة كما علمنا رسول الله -مثلا- إذا بلغ الطفل عشرة ولم يصل. فهذا ضرب مشروع ومثل ضرب الزوجة التي تهجر الفراش - بدون أسباب- لمجرد التدلل أو عقاب الزوج أو لأسباب أخرى تتعلق بها، فهذا أيضاً لا يجوز شرعاً نظرا لمكانة الزوج وعظم حقوقه عليها هذه الحقوق التي أدت تصل لدرجة السجود للزوج إذا أمر الله بالسجود بين العباد.. ولكنه الضرب الخفيف الغير مبرح مثلاً نقول (قرصة أذن) مثلا، حتى تنتبه هذه الزوجة الناشد.

الطالب - أن يرد على العدوان بالمثل، لأن (ليس أحد أفضل من أحد) والمنطق عنده هو (المعلم ضربني، إذا أنا أضرب الأستاذ).

وقد يكون المعلم هذا من وجهة نظر الطالب غير مؤهل علمياً، أو غير قدوة، أو ضعيف الشخصية أو عنيف معه، أو يشبه أبيه الذي يعامله بالقسوة في المنزل -مثلاً- أو كان هو نفسه (أعني الطالب) في لحظة (الذروة) لانفعال ما لأسباب خارجية لا تتعلق بالأستاذ تماما وإنما جاء الأستاذ بمثابة (كبش الفداء) في الموقف ..الخ.

فالأسباب قد تتعد، ولكن الموت واحد - كما يقال - هو العنف.. هو الظاهرة.. هو الإشكالية.. هو الذي يشكل خطراً... كبيراً على منظومة التعليم.. هو الذي يجب أن نتصدى له بكل قدرتنا على التحدي، وحشد طاقاتنا لإنقاذ أبنائنا وأنفسنا، والـلـه المعين.

وأخيراً أرجو أن أكون قد وفقت في محاولتي النظرية المتواضعة لتفسير العنف.

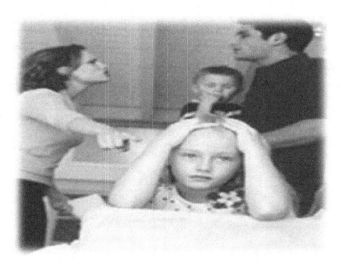

## صلة العنف بالمصطلحات المرادفة ذات العلاقة

صلة العنف بالاستهزاء

**من المفيد بيان صلة العنف بالاستهزاء أن نبدأ أولاً بتعريف الاستهزاء، ونصوص القرآن فيه، ثم نصوص من السنة في ذكره وحكم الاستهزاء.**

**تعريف الاستهزاء:**

**الاستهزاء لغةً: مصدره الثلاثي (هـ زأ) فتقول استهزاء يستهزئ والتي تدل على السخرية أو على فرح في خفية. أو على السخرية واللعب، ينال: هزئت به واستهزأت، والاستهزاء ارتياد الهُزء.**

**(المقايس لابن فاري 6-52)**

والاستهزاء اصطلاحاً:

**قال أبو هلال العسكري: إن الاستهزاء لا يسبقه فعل من أجله يستهزأ بصاحبه.**

**(الفروق في اللغة8249)**

**وفي المفردات للراغب الأصفهاني/ بأن الاستهزاء: ارتياد الهزءُ ويعبر به عنه.**

**فالاستهزاء بذلك هو: ارتياد أو طلب الهزء دون أن يسبق من المهزؤ منه فعل يقتضي ذلك.**

(المفردات في اللغة،43)

**والاستهزاء: هو السخرية: وهو حمل الأقوال والأفعال على الهزل واللعب لا على الجد والحقيقة.**

(الفتاوي الكبرى، ج6،ص22)

**ويعد الاستهزاء من الأخلاق الذميمة والتي تؤدي باستخدامها الى العنف وتعتبر من أبرز صفات المنافقين، ويترتب عليها الإثم والعقاب في الدنيا والآخرة ويظهر ذلك من خلال النصوص الشرعية.**

بعض النصوص من القرآن الكريم الواردة بالاستهزاء

قال اللـه تعالى عن المنافقين:

(وَإِذَا قِيلَ لَهُمْ آَمِنُوا كَمَا آَمَنَ النَّاسُ قَالُوا أَنُؤْمِنُ كَمَا آَمَنَ السُّفَهَاءُ أَلَا إِنَّهُمْ هُمُ السُّفَهَاءُ وَلَكِنْ لَا يَعْلَمُونَ (13) وَإِذَا لَقُوا الَّذِينَ آَمَنُوا قَالُوا آَمَنَّا وَإِذَا خَلَوْا إِلَى شَيَاطِينِهِمْ قَالُوا إِنَّا مَعَكُمْ إِنَّمَا نَحْنُ مُسْتَهْزِئُونَ (14) اللـهُ يَسْتَهْزِئُ بِهِمْ وَيَمُدُّهُمْ فِي طُغْيَانِهِمْ يَعْمَهُونَ)

[البقرة:13-15]

(وَلَئِنْ سَأَلْتَهُمْ لَيَقُولُنَّ إِنَّمَا كُنَّا نَخُوضُ وَنَلْعَبُ قُلْ أَبِاللَّهِ وَآَيَاتِهِ وَرَسُولِهِ كُنْتُمْ تَسْتَهْزِئُونَ (65) لَا تَعْتَذِرُوا قَدْ كَفَرْتُمْ بَعْدَ إِيمَانِكُمْ إِنْ نَعْفُ عَنْ طَائِفَةٍ مِنْكُمْ نُعَذِّبْ طَائِفَةً بِأَنَّهُمْ كَانُوا مُجْرِمِينَ)

[التوبة:65-66]

وقال سبحانه:

(قُلْ هَلْ نُنَبِّئُكُمْ بِالْأَخْسَرِينَ أَعْمَالًا (103) الَّذِينَ ضَلَّ سَعْيُهُمْ فِي الْحَيَاةِ الدُّنْيَا وَهُمْ يَحْسَبُونَ أَنَّهُمْ يُحْسِنُونَ صُنْعًا (104) أُولَئِكَ الَّذِينَ كَفَرُوا بِآَيَاتِ رَبِّهِمْ وَلِقَائِهِ فَحَبِطَتْ أَعْمَالُهُمْ فَلَا نُقِيمُ لَهُمْ يَوْمَ الْقِيَامَةِ وَزْنًا (105) ذَلِكَ جَزَاؤُهُمْ جَهَنَّمُ بِمَا كَفَرُوا وَاتَّخَذُوا آَيَاتِي وَرُسُلِي هُزُوًا)

[الكهف:103-106]

(وَلَقَدِ اسْتُهْزِئَ بِرُسُلٍ مِنْ قَبْلِكَ فَحَاقَ بِالَّذِينَ سَخِرُوا مِنْهُمْ مَا كَانُوا بِهِ يَسْتَهْزِئُونَ)

[الأنعام:10]

وهنالك سخرية من قبل المعلمين بحق الطلاب والذي يعد من أعمال العنف التي تحلق الضرر المعنوي بالطالب أو تؤدي به الى الآذلال والأهانة. والعلم القدرة المسلم لا يستخدم مثل هذه الألفاظ للإنقاص من حقوق الآخرين والسنة النبوية أكدت في نصوصها حرمة الاستهزاء وذكرت نصوص من السنة في ذكر الاستهزاء:

**عن أم هاني - رضي الـلـه عنها- قالت: سألت النبي - صلى الـلـه عليه وسلم - عن قول الـلـه عز وجل: (وتأتون في ناديكم المنكر)** (العنكبوت) **قال: "كانوا يحذفون أهل الطريق ويسخرون منهم فهو المنكر الذي كانوا يأتون"**

(المستدرك 444، ج2).

**و لم يفرق علماء المسلمين بين معنى السخرية والاستهزاء وغيرهم بمعنى واحد فقد ذهب كثيراً من العلماء إلى أن السخرية بمعنى الاستهزاء، وقد سبق وأن بيّنا معنى الاستهزاء وتعريفه.**

**وأما السخرية، فهي من مادة سخر، والتي تدل على احتقار و إستذلال، ومن ذلك قولهم سخّر الـلـه الشيء - بتشديد الخاء- وذلك إذلالاً لـلـه لأمره وإرادته، ومن الباب: سخرت منه إذا هزئت به، ويقال: سخرت منه وسخرت به كما يقال: ضحكت منه وبه، وهزئت منه وبه (11) (الصحاح2،679) مقاييس اللغة لابن فارس3،144)، وعليه فالسخرية والاستهزاء بمعنى واحد، وقد ذهب إلى ذلك القرطبي وغيره. قال في التذكرة: و الهزء والسخرية بمعنى واحد (12) (التذكرة للقرطبي جـ1-499)، وبعضهم قال: بينهما فرق، ويتمثل هذا الفرق في أن الهزء: هو إظهار الجد وإخفاء الهزل فيه، أي أنه يكون بالقول المصحوب بسوء النية، ولا يشترط فيه أن يسبقه فعل من أجله يستهزأ بصاحبه من أجل ذلك الفعل، أما السخرية فإنها تكون بالفعل أو بالإشارة، وتكون بالقول ويسبقها في العادة فعل من أجله يسخر بصاحبه، ويتلخص من ذلك أن بينهما فرقاً من جهتين:**

الأولى: السخرية تكون بالفعل والقول، و الهزء لا يكون إلا بالقول.

الثانية: أن السخرية يسبقها عمل من أجله يسخر بصاحبه، أما الاستهزاء فلا يسبقه ذلك.

(السماح للجوهري: ‎1-83‎)، (الفروق لأبي هلال‎249‎).

والذي يظهر أن الاستهزاء يكون بمعنى السخرية لاشتراك الجميع في القصد والغاية، ولذا يأتي أن الهمز واللمز من أنواع السخرية مع أنه يقصد من ذلك الاستهزاء. قال القرطبي: وعن ابن

عباس أن الهمزة: القتات، و اللمزة: الذي يغتابه من خلفه إذا غاب، ومنه قول حسان:

همزتك فاختضعت بذل نفس ... بقافية تأجج كالشواظ، واختار هذا القول النحاس قال: ومنه قوله تعالى: (ومنهم من يلمزك في الصدقات) .

(التوبة:‎58‎)

وقال مقاتل ضد هذا الكلام: إن الهمزة: الذي يغتاب بالغيبة، واللمزة: الذي يغتاب في الوجه، قال قتادة ومجاهد: الهمزة الطعان في الناس، واللمزة: الطعان في أنسابهم، وقال ابن زيد: الهامز: الذي يهمز الناس بيده ويضربهم، واللمزة: الذي يلمزهم بلسانه ويعيبهم، وقال سفيان الثوري: يهمز بلسانه ويلمز بعينيه، وقال بان كيسان: الهمزة الذي يؤذي جلساءه بسوء اللفظ، واللمزة: الذي يكسر عينه على جليسه ويشير بعينه ورأسه وبحاجبيه.

وأصل الهمز: الكسر والعض على الشيء بعنف، ومنه همز الحرف (ومن همزنا رأسه تهشما)، وقيل: أصل الهمز، واللمز: الدفع والضرب لمزة يلمزه لمزا: إذا ضربه ودفعه، وكذلك همزه: أي دفعه وضربه.

(السماح للجوهري 1-83).

ويقول يحي المعلمي: الهمز هو السخرية من الناس بالإشارة كتحريك اليد قرب الرأس إشارة إلى الوصف بالجنون، أو الوغض بالعين رمزاً للاستخفاف، أو نحو ذلك من الحركات. واللمز: هو السخرية من الناس بالقول، كتسمية الشخص باسم يدل على عاهة فيه أو مرض، أو اتهامه بخليقة سيئة، أو التعريض بذلك.

(مكارم الأخلاق في القرآن الكريم يسمى العلمي،333).

وقد ورد أن من السخرية ما كان يقع من الكفار مع صحابة رسول الله - صلى الله عليه وسلم- قال الضحاك: نزلت الآية (يا أيها الذين آمنوا لا يسخر قومٌ من قوم).

(الحجرات:11)

في وفد بني تميم، كانوا يستهزئون بفقراء الصحابة مثل عمار، وخباب، وبلال، وصهيب، وسلمان، وسالم، مولى أبي حذيفة، وغيرهم، لما رأوا من رثاثة حالهم، فتنزلت في الذين آمنوا منهم.

(انظر تفسير القرطبي 16-275).

وكذلك يكون من السخرية التنابز بالألقاب، والتنابز بالألقاب كما قال القرطبي: هو دعاء المرء صاحبه بما يكرهه من اسم أو صفة، وعم الله ينهيه ذلك، ولم يخصص به بعض الألقاب دون بعض، وغير جائز لأحد من المسلمين أن ينبز أخاه باسم يكرهه أو صفه يكرهها.

القرطبي (16-275)

قال الطبري: وقوله تعالى: (ولا تنابزوا بالألقاب)، يقول: ولا تدعوا بالألقاب، والنبز واللقب بمعنى واحد يجمع النبز: أنبازا واللقب: ألقابا.

(الحجرات:11)

واختلف أهل التأويل في الألقاب التي نهى الله عن التنابز بها في هذه الآية، فقال بعضهم: عنيَ بها الألقاب التي يكره النبز بها الملقب، وقالوا: إنما نزلت هذه الآية في قوم كانت لهم أسماء في الجاهلية فلما أسلموا نهوا أن يدعوا بعضهم بعضا بما يكره من

أسمائه التي كان يدعى بها في الجاهلية وقد ذكر ذلك أبن الضحاك: (فينا نزلت هذه الآية في بني سلمة قدم رسول الـلـه - صلى الـلـه عليه وسلم- وما منا رجل إلا وله إسمان أو ثلاثة فكان إذا دعا الرجلُ الرجلَ بالاسم، قلنا: يا رسول الـلـه إنه يغضب من هذا فنزلت هذه الآية (ولا تنابزوا بالألقاب) الآية كلها. وقال آخرون: بل ذلك قول الرجل المسلم للرجل المسلم: يا فاسق يا زاني، وقد ذكر ذلك عن حصين قال: سألت عكرمة عن قول الـلـه تعالى: ولا تنابزوا بالألقاب) قال: هو قول الرجل للرجل: يا منافق يا كافر. وعن مجاهد قوله تعالى: (ولا تنابزوا بالألقاب) قال: دعي رجل بالكفر وهو مسلم. قال ابن زيد في قوله تعالى: (ولا تنابزوا بالألقاب) قال: تسميته بالأعمال السيئة بعد الإسلام زان فاسق. وقال آخرون: بل ذلك تسمية الرجلُ الرجل بالكفر بعد الإسلام وبالفسوق والأعمال القبيحة بعد التوبة، وقد ذكر ذلك عن ابن عباس (ولا تنابزوا بالألقاب بئس الاسم الفسوق بعد الإيمان) قال: التنابز بالألقاب أن يكون الرجل عمل السيئات ثم تاب منها وراجع الحق فنهى الـلـه أن يعير بما سلف من عمله. قال الحسن كان اليهودي والنصراني يسلم فيلقب فيقال له: يا يهودي يا نصراني فنهوا عن ذلك.

(الحجرات:11)

وأولى الأقوال في تأويل ذلك عندي أن يقال: إن الـلـه تعالى ذكر نهى المؤمنين أن يتنابزوا بالألقاب والتنابز بالألقاب: هو دعاء المرء صاحبه بما يكرهه من اسم أو صفة وعم الـلـه ينهيه ولم يخصص به بعض الألقاب دون بعض، فغير جائز لأحد من المسلمين أن ينبز أخاه باسم يكرهه أو صفة يكرهها، وإذا كان ذلك كذلك صحت الأقوال التي

قالها في ذلك أهل التأويل كلها والتي ذكرناها ولم يكن بعض ذلك أولى بالصواب من بعض لأن ذلك مما نهى الـلـه المسلمين أن ينبز بعضهم بعضاً.

(تفسير الطبري ج11-389).

ويظهر من ذلك أن المراد بالاستهزاء بالآخرين: التنقص لهم وازدرائهم ووصفهم بالقبيح من الأسماء والصفات فيكون التنابز بالألقاب من نوع من أنواع السخرية والاستهزاء، وعليه فلا يجوز استخدام أي صفة أو اسم قبيح وإلصاقه بالآخرين، كما أن الشيء المنهي عنه ليس مقصوراً على ذلك بل كل ما يعاب به الآخر ويورث البغضاء والكراهية في النفوس، وكان فيه إرادة الاستنقاص للآخرين. قال الطبري: واختلف أهل التأويل في السخرية التي نهى الـلـه عنها المؤمنين في هذه الأية قال تعالى: (يا أيها الذين آمنوا لا يسخر قومٌ من قومٍ).

(الحجرات:11).

والصواب من القول في ذلك عندي أن يقال: إن الـلـه عم بنهيه المؤمنين عن أن يسخر بعضهم من بعض جميع معاني السخرية فلا يحل لمؤمن أن يسخر من مؤمن لا لفقره ولا لذنب ارتكبه ولا لغير ذلك.

(تفسير القرطبي ج11-389).

قال القرطبي: وبالجملة فينبغي ألا يجترئ أحد على الاستهزاء بمن يقتحمه بعينه إذا رآه رث الحال، أو ذا عاهة في بدنه أو غير لبق في محادثته، فلعله أخلص ضميرا وأنقى قلباً ممن هو ضد صفته فيظلم نفسه بتحقير من وقره الـلـه والاستهزاء بمن عظمه الـلـه، ولقد بلغ بالسلف إفراط توقيهم وتصونهم من ذلك أن قال عمرو بن شرحبيل: لو

رأيت رجلا يرضع عنزا فضحكت منه لخشيت أن أصنع مثل الذي صنع، وعن عبدالله بن مسعود: البلاء موكل بالقول لو سخرت من كلب لخشيت أن أحول كلبا.

(تفسير القرطبي ج16-175).

وعلى ما سبق فإنه يمكن القول بأن السخرية والاستهزاء شيء واحد، ويدخل في ذلك ما هو في معناهما كالتنابز والهمز واللمز باعتبار هذه المفردات لها علاقة في عصرنا الحاضر بالعنف الذي يؤدي الى الكراهية بين الأفراد والجماعات بحيث تعم البغضاء التي تؤدي إلى تفكك المجتمع وانحرافه عن دوره المناط به نحو التقدم والإزدهار له ولأبنائه و التخلي عن مسؤولياته.

حكم السخرية والاستهزاء

**يفهم من النصوص الشرعية التي تكلمت عن الاستهزاء والسخرية أن الوقوع في ذلك حرام في حق كل مسلم، بل ومن أعظم المعاصي التي يقع فيها المرء، وقد بين العلماء ذلك من خلال قراءتهم للنصوص الشعرية وقد سق ذكر بعضها ومما جاء في كلامهم:**

**قال السفاريني: وتحرم السخرية و الهزء لقول اللـه تعالى: (يا أيها الذين آمنوا لا يسخر قومٌ من قومٍ).**

**(الحجرات:11)**

**ولنهيه – صلى اللـه عليه وسلم - عن ذلك في مواضع عديدة.**

**وقال ابن تيمية وأما الاستهزاء والمكر بأن يظهر الإنسان الخير والمراد شر فهذا إذا كان على وجه جحد الحق وظلم الخلق فهو ذنب محرم (22). والاستهزاء قد يكون في حق اللـه تعالى وهو أعظمه، أو في حق العباد وذلك بصور شتى تهدف إلى ذلك الخلق الذميم والمعصية الكبيرة التي تؤدي إلى إهانه الناس وتعتبر من الألفاظ التي تحلق بالآخرين وهي من الألفاظ العنف أيضاً .**

**(في مجموعة الفتاوي ج30-471)**

**وخلاصة مما سبق بأن الاستهزاء باللـه أو آياته أو برسله أو بالمؤمنين أفراد وجماعات مذمومة شرعاً ويقاس على ذلك كل الألفاظ التي تطلق من المعلمين بحق**

الطلاب أو الطلاب بحق المعلمين في المدارس والجامعات من ألفاظ الاستهزاء أو السخرية والتنابز بالألقاب يعتبر من الأخلاق المذمومة والمحرمة في الشرع.

لأن هذه العبارات تلحق الضرر المعنوي بالإنسان في أي مكان كان موقعه ومهما كان عمره. وتعتبر هذه المفاهيم الاستهزاء والسخرية والتنابز بالألقاب من ألفاظ العنف التي تؤدي بالإنسان إلى الإحباط وكره الشخص الذي يتلفظ به. ولا تساعد مثل هذه الألفاظ على الدافعية نحو بيئة تعليمية فاعلة في المدارس والجامعات على الإطلاق.

# الفصل الثالث

نحو بيئة مدرسية آمنة

في مواجهة ظاهرة العنف

مفهومها.
مكوناتها.
ركائز الأمن المدرسي.
دور النشاطات التربوية في مواجهة العنف.

## نحو بيئة مدرسة آمنة

بعد أن انتهينا من تعريف العنف لغةً واصطلاحاً وبيان العنف الذي يمارس في المدارس والجامعات، ولزيادة هذه الظاهرة في مدارسنا في عصرنا الحاضر لقد اهتم المسؤولون في هذا الوطن العزيز على كافة مستوياتهم في توفير الإجراءات السليمة لمكافحة هذه الظاهرة مما دفع بأصحاب القرار بتبني شعار نحو بيئة مدرسية آمنة. تناء بالطفل بعيداً عن أي أسلوب لفظي أو معنوي يلحق الضرر به.

فقد جاء في جريدة الدستور الأردنية بعددها الصادر رقم 15213 تاريخ 19/تشرين الثاني/2009 ومفادها بأن جلالة الملكة رانيا العبدالـلـه شاركت وزارة التربية والتعليم ومنظمة اليونيسيف في إطلاق الحملة الوطنية "معاً نحو بيئة مدرسية آمنة" وخالية من العنف ضد الأطفال من هم في سن الدراسة في المدارس الحكومية والخاصة ومدارس الأنروا في المملكة باستخدام وسائل تأديبية حديثة بدلاً من الضرب. وقالت جلالتها إن الضرب لم يكن أبداً أداة للتعليم أو وسيلة للتأديب. فهنالك بدائل تعلم التلميذ الانضباط فتضمن له كرامته، كما تحفظ للمعلم هيبته. فالطفل يتعلم بالحب ليس بالرهبة.

وقالت جلالتها أمام نحو (4500) مدير ومديرة مدرسة بحضور رئيسي مجلس الأعيان والنواب وعدد من الوزراء"ما نراه اليوم في مدارسنا ليس منا في شيء، فلا مجال للاستهانة أو التهاون مع من يرى أن التأديب والضرب متلازمان، أو من يعتقد أن

عدم احترام قوانين المدرسة، أو تطاول التلاميذ على معلميهم مقبول" . مؤكدة جلالتها أن للقانون سيادة إن لم يحترمها الفرد، فلن تحترمه.

(جريدة الدستور عدد 15213/تاريخ 2009/11/19).

وعلى هذا الأساس قامت وزارة التربية والتعليم بالتعاون مع منظمة الأمم المتحدة (اليونيسيف) بتفعيل شعار نحو بيئة مدرسية آمنة بإيصال رسالة إلى الطلاب التي تحمل هذا الشعار وجاء في طياتها:

"أجمل شيء في الحياة، أن تحب مدرستك، هل تعرف لماذا؟ لأنها بيتك الثاني الذي تقضي فيه أطول وقت مع معلميك ورفاقك، هل تعرف كيف؟ باحترامك لمعلميك ومعلماتك، وبحسن تعاملك معهم ومع رفاقك، وباحترام النظام، وبالقيام بالواجبات المدرسية.

نحن معك وإلى جانبك، نناصرك، وندافع عن حقوقك، ونوفر لك بيئة مدرسية آمنة" تنعم فيها بالطمأنينة والنشاط، وتزرع فيك حب مدرستك.

معلموكم ومعلماتكم هم بمقام الآباء والأمهات، وعليكم احترامهم والاستماع إلى نصائحهم وتوجيهاتهم وإرشاداتهم كي يبعدوا عن بيئتكم المدرسية شبح العنف.

لأن البيئة المدرسية الخالية من العنف من الحقوق التي جاءت بها اتفاقية حقوق الطفل التي أقرتها الأمم المتحدة في عام 1990 من أجل توفير بيئة مناسبة للأطفال في العالم، ومن أجل الحفاظ على حقوقهم تحت كل الظروف والتي اشتملت على مجموعة من المبادئ الدولية لحمايتكم.

ومن هذه المبادئ: حق الطفل في الحماية من كل أشكال العنف أو الضرر أو الإساءة البدنية أو العقلية أو الإهمال.

ومن هذه المبادئ: أن لا يتعرض أي طفل للتعذيب أو المعاملة القاسية أو كل ما يمكن أن يسيء له ولكرامته كإنسان فضله الله تعالى على مخلوقاته كلها وكرمه وخلقه في أحسن تقويم.

والآن الأردن من أوائل الدول التي وقعت على اتفاقية حقوق الطفل، فقد قامت بإصدار تعليمات تمنع استخدام الضرب أو الإهانة في تأديب الطلبة في كل مدارس المملكة.

ومن هذه التعليمات: عدم استخدام العقاب البدني أو النفسي بأية صورة من الصور وعدم تخفيض العلامات المدرسية، أو التهديد بها، وعدم حرمان الطالب من تناول وجبة الطعام في موعدها، وعدم السخرية منه أو اللجوء إلى العقاب الجماعي مهما كان الأمر حتى يعيش الطفل في أمن وآمان بعيداً عن العنف الذي يؤدي به الى الآذلال وكراهية نفسه والشخص الذي يمارس معه هذا الاسلوب المذموم شرعاً في القوانين السماوية والأنظمة الوضعية.

يعد أن أنتهينا من مقدمة البيئة المدرسية الآمنة لابد من التعرف على مفهومها:

فالبيئة المدرسية: تعني كل ما يحيط بالطالب والعاملين من عوامل سواء كانت هذه العوامل فيزيائية أو بيولوجية أو اجتماعية.

(دليل برنامج الاعتماد الوطني للمدارس الصحية 47)

مكوناتها:

بعد أن انتهينا من التعريف بالبيئة المدرسية لا بد أن نتعرف أيضاً على مكوناتها والتي تشمل:

القواعد الأساسية ومنها المباني، التدفئة، الماء، الإضاءة، التهوية، الأثاث المناسب، النظافة، العناية الصحية، توفير متطلبات السلامة العامة.

والحماية من المخاطر، ومن مخاطر البيئة المدرسية: المياه غير الصالحة، الأمراض السارية أو المنقولة من خلال المياه، القوارض، الحشرات.

الحماية من المخاطر الجسمانية، التي تعرض الحياة إلى الأذى ومنها: المواصلات، المشاة، العنف والجرائم، الحوادث، الإصابات، التعرض للحرارة الشديدة والبرودة، والإشعاعات.

44الحماية من المخاطر الكيميائية التي يستخدمها الطالب العامل في المدرسة ومنها: التلوث البيئي، المياه الملوثة، المبيدات الحشرية، الفضلات الخطرة، المواد الخطرة والمنتهية والفاسدة، الدهانات، المنظفات.

ركائز الأمن المدرسي

**يؤكد (1999Purkey) أن هنالك خمس ركائز قوية للأمن المدرسي ينبغي أن نعمل جميعاً في تناغم حتى يتحقق الأمن والأمان في البيئة المدرسية الآمنة:**

**الناس: فينبغي أن يعمل أعضاء هيئة التدريس والعاملون في المدرسة أسرة واحدة وذلك فإن الأنشطة التربوية هنا تضمن التدريب على التقليل من الضغوطات النفسية على الطالب وتهيئ له بيئة مدرسية آمنه.**

**إن إدارة النزاعات والصراعات والعلاقات طويلة المدى بين الطلاب والمعلمين لها دور فعّال ضروري لتبادل الإحترام والتقدير بين الجميع . وللمكان أهمية بالغة في هذا الصدد وهناك عدة نقاط تساعد في ايجاد البيئة المدرسية الآمنة و منها :**

**- فينبغي الاهتمام بالبيئة المادية للمدرسة بما فيها الإضاءة الجيدة والمباني المصانة جيداً والحجرات النظيفة و الصفوف الجذابة والمقاصف المدرسية والمعارض التي تعرض بها إنجازات الطلاب وينبغي دعم البيئة المادية للمدرسة أياً كانت حتى توفر الراحة والطمأنينة والمناخ التربوي السليم.**

**البرامج: من البرامج العديدة التي تساعد في إيجاد بيئة مدرسية آمنة الوصول للمجتمع والتمتع بالصحة الجيدة، وفرص الإثراء لكل فرد في المدرسة، وينبغي تشجيع البرامج التي تشرك الآباء، والمشرفين التربويين لإبراز دورهم في تنظيم تلك البرامج.**

السياسيات: ويتمثل ذلك في الحضور وتنظيم الصفوف والانتقال، والنظام وسياسات أخرى تطور في دائرة الاحترام للجميع داخل المدرسة، وينبغي إطلاع الأسر بشكل دوري على كل ما يهممهم عن أبنائهم من خلال المراسلات، والنشرات الدورية والاتصال هاتفياً، والاجتماعات، كما ينبغي أن تتخذ المدرسة سياسات بشكل ديمقراطي، وتكون مفهومة ومتاحة للجميع للاشتراك فيها.

العلميات: العملية هي أن تؤدي الأشياء داخل المدرسة، فينبغي أن تصمم جميع الأنشطة والإجراءات بشكل ديمقراطي، حيث تضمن مشاركة الجميع وتحترمهم والمدرسة الجاذبة هي التي ترحب بكل الأفكار والاقتراحات.

(1999 Purkey)

رابعاً: الطرق والأساليب والإجراءات المتبعة لتحقيق بيئة مدرسية آمنة:

**جاء في رسالة المعلم المجلد (48) العدد الثالث كانون ثاني 2010 ص 56 وما أعدته المعلمة فائدة أبو دلو من مدرسة أجنادين الأساسية للبنات أن هنالك استراتيجيات تساعد في تحقيق شعار معاً نحو بيئة مدرسية آمنة ومنها:**

1. **تشكيل مجلس إدارة يتكون أعضاؤه من مجموعة من الإداريين برئاسة مدير / مديرة المدرسة يكون من مهامه متابعة البيئة الآمنة للطلبة في المدرسة.**
2. **اجتماع مجلس الإدارة مع الهيئة التدريسية ومناقشة آلية ضبط الطلبة والارتقاء بتحصيلهم دون التأثير في بيئتهم الآمنة.**
3. **الاتفاق مع كل مربي صف على عمل اجتماعات دورية مع الطلبة لتعريفهم بواجباتهم في المدرسة ومناقشتها.**
4. **قيام مربي الصفوف بتوزيع مسؤوليات إدارة الصف على الطلبة جميعاً كل في ضوء قدراته، وتعدُ مسؤولية إدارة الصف من المهمات الأساسية، وإن بدت سهلة وبسيطة، ومن هذه المهمات: تفقد الحضور والغياب، وتوزيع الكتب والدفاتر، وأوراق العمل، وتأمين الوسائل والمواد التعليمية، والمحافظة على ترتيب مناسب للمقاعد، والإشراف على نظافة الغرفة الصفية وتهويتها.**
5. **تحديد الواجبات والأدوار التي يتحملها الطلبة في سبيل بلوغ النتاجات المرغوب فيها سواء أكانت واجبات سلوكية داخل غرفة الصف وخارجها أم واجبات تحصليه أم أنشطة مبادرات.**

6. كتابة الواجبات على لوحة بخط واضح ووضعها في مكان بارز في كل غرفة صفية.

7. اقتراح وسائل جديدة لاستثارة دافعية الطلبة وتعزيز السلوك الايجابي لديهم بأساليب مختلفة.

8. استخدام أسلوب الإدارة النموذجية في الصف المبنية على العدل والتسامح والتشاور وتشجيع النقد البناء واحترام الآراء.

9. تجنب الطلبة العوامل التي تؤدي إلى السلوك الفوضوي ومعالجة حالات الفوضى بسرعة وحزم.

10. خلق أجواء صفية تسودها الجدية والحماسة واتجاهات العمل المنتج.

11. إفساح المجال أمام الطلبة لتقييم سلوكهم وتصرفاتهم على نحو ذاتي.

12. العمل على مساعدة الطلبة على اكتساب اتجاهات أخلاقية مناسبة.

13. احترام المواعيد والمواظبة على الحضور إلى المدرسة أو مغادرتها والالتزام بأوقات الحصص الصفية ومواعيد الاختبارات والمشاركة في الأنشطة في مواعيدها.

14. احترام آراء الآخرين ومشاعرهم وعدم مقاطعتهم في أثناء الحديث.

15. الجد والاجتهاد بالمثابرة وتحسين الأداء والمنافسة الشريفة.

16. الثقة بالنفس بتحمل المسؤولية والتدريب على أساليب العمل الجماعي.

17. الانضباط الذاتي وهو الانضباط النابع من التزام الطالب بقواعد السلوك الإيجابي وممارسته اتباع السلوك الأخلاقي بمعزل عن العوامل التهديد والعقوبة أو الفرض والإجبار.

18. التدرج في تحويل المشكلة الواقعة داخل الغرف الصفية من المعلم نفسه إلى المرشد التربوي إلى الإدارة المدرسية.

19. استخدام أسلوب الحوار والمناقشة العقلانية وتقييم الذات لتعديل السلوك بطريقة تربوية آمنة مع مراعاة مهارات التواصل الأساسية وهي:

20. إيلاء الانتباه الدائم للطلبة، إعادة الصياغة، إظهار المشاعر.

21. إثارة الأسئلة المفتوحة والمغلقة (الأسئلة المفتوحة تكون إجابتها واسعة وغير محددة وتحتاج إلى شرح أما الأسئلة المغلقة فتكون إجابتها محددة وقصيرة).

22. استدعاء أولياء أمور الطلبة في الحالات التي تستوجب إطلاعهم على أحوال أبنائهم وتعاونهم في تعديل السلوك غير المرغوب فيه وتعزيز السلوك المرغوب فيه.

23. التغذية الراجعة بوصفها جزءاً متكاملاً من عملية التقييم، لتعزيز الإجراءات المتخذة مسبقاً وتطويرها. ولتطبيق التغذية الراجعة بصورة ناجحة يمكن ما يلي:

24. إيجاد سجل لكل صف بحيث يقوم مربي الصف بتدوين المشكلات والإجراءات المتخذة ويراعي حلها. ثم يوقع المعلم على السجل، ويختمه من الإدارة المدرسية، ويراعي الإطلاع على السجل من قبل الإدارة بشكل دوري مرتين شهرياً.

25. عمل استطلاع لآراء الآباء في سلوك أبنائهم والمعلمين والمعلمات في سلوك طلبتهم في تقييم سلوك بعضهم مع بعض والمجتمع المحلي في تقييم المدرسة، واستخدام هذه الاستطلاعات والملاحظات بوصفها مصادر للتغذية الراجعة.

26. اقتراح جائزة للصف الآمن وتعطى للصف الأكثر انضباطاً.

27. اقتراح جائزة المعلم المتميز في البيئة الصفية الآمنة.

استخدام الإذاعة المدرسية الصباحية في:

**متابعة سلوك الطلبة.**

**وضع أسس قواعد أخلاقية للسلوك المرغوب فيه ومواصفات هذا السلوك، ومعاييره وأهميته، ونتائج إهماله، عرض بعض المشكلات المدرسية واقتراح حلول للمشكلة من الطلبة أنفسهم وتقديم جائزة لأفضل حل، كتابة تقارير، وقراءة موضوعات متنوعة عن البيئة الصفية الآمنة في الإذاعة المدرسية، إن الأساليب الوقائية التي تؤدي إلى وقاية طلبتنا من الوقوع في الخطأ أو المشكلات، أفضل بكثير من الأساليب العلاجية لإيجاد حلول وإجراءات قد تكون غير ناجحة تماماً، وهكذا تكون الإدارة قد قامت بدور من أهم الأدوار بمساعدة الطلبة على تنظيم سلوكهم ذاتياً، لتحقيق النظام والانضباط بوصفهما وسيلة لحدوث عملية التعلم واستمرارها في أجواء منظمة وخالية من المشتتات أو العوامل المنفرة أو المعيقة لعملية التعلم والتعليم، بما يسمح بتهيئة بيئة تعليمية آمنة في المدرسة.**

**ومن الإجراءات التي يمكن إتباعها لتنمية الوعي الأمني نحو بيئة مدرسية آمنة بالنسبة إلى العاملين بالمدرسة:**

**تنسيق ورش عمل للأمن المدرسي توضح علاقة الأمن المدرسي بوجود التعليم، وتؤكد الحاجة إلى الدعم المجتمعي للمدرسة، وتعمل على تعريف العاملين بشأن مسؤولياتهم الأمنية المحددة، ودعوة رجال الشرطة والقضاة والمحامين ومسؤولي**

الخدمات الصحية والإنسانية لشرح النظام القضائي للأحداث وعلاقته بالمدرسة الفعالة في إيجاد بيئة مدرسية آمنة.

رعاية حلقات البحث التي تدار داخل الصفوف، واستخدام دراسة الحالة الفعلية مثل كيفية التعامل بشكل أكثر فاعلية مع المواقف المختلفة المهددة للأمن.

تشجيع المعلمين على الاتصال بالآباء بانتظام لإبلاغهم بشأن الأشياء الطيبة التي يؤديها الطلاب، وتطوير نظام يُمكن للمعلمين من الاتصال بشكل روتيني، وتوفير المكان والوقت اللازمين للمعلمين لالتقائهم بانتظام داخل المدرسة، وينصح بأن يعقد المعلمون تلك الاجتماعات الرسمية بشكل متكرر كلما أمكن ودعت الحاجة إلى ذلك.

تصمين مواضيع الأمن داخل المنهج الذي يدرسه الطلاب، وهناك أمثلة عدة لذلك في الدراسات الاجتماعية والتربية الوطنية وغيرها، فالتربية وحماية النفس، ويمكن أن تركز الكيمياء على الآثار السلبية للمخدرات في الجسم البشري ودروس اللغة يمكن أن تربط دراسة الأدب واللغة بمواضيع احترام الذات، وبناء الشخصية، وعواقب سوء السلوك عند الطلاب، ودروس التربية الفنية يمكن أن توظف أمنياً عن طريق تصمم ملصقات توصل رسائل عن الأمن والأمان في البيئة المدرسية كي تصبح هذه بيئة آمنة.

إنشاء صندوق للاقتراحات لتحسين مناخ الأمن داخل المدرسة، والرد على كل الرسائل التي ترد به وتوجيه الشكر لأصحابها.

الاستعانة بمتطوعين من خريجي المدرسة أو المتقاعدين أو من رجال المجتمع المحلي للمساعدة في الأنشطة التطوعية الخاصة بدعم الأمن المدرسي.

ومن الإجراءات التي يمكن إتباعها لتنمية الوعي الأمني نحو بيئة مدرسية آمنة بالنسبة إلى العاملين بالمدرسة:

تصميم برامج لتعزيز مسؤولية الطلاب نحو الأمن المدرسي وتشكيل جماعة الطلاب القادة من بين طلاب المدرسة كلهم يحرص كل فرد فيها على تشجيع الأنشطة المتعلقة بالأمن المدرسي وتصميمها بين أقرانهم وزملائهم، ويمكن أيضاً لاتحاد طلاب المدرسة تشكيل لجنة للتعرف على المشكلات الأمنية والسعي إلى حلها.

تشجيع الطلاب على المشاركة في اتخاذ القرارات المتعلقة بإدارة المدرسة، وذلك عن طريق إشراك ممثلين عن الطلاب عند المناقشة والتخطيط.

تصميم برامج ذات دوافع أمنية ينفذها الطلاب للحد من التخريب والعنف داخل المدرسة.

تنسيق محاكم للطلاب داخل المدرسة يشكلها الطلاب أنفسهم، ويكون منهم القضاة والمحامون وممثلو الادعاء وموظفو المحكمة، ويدربهم على ذلك النظام القضائي المحلي وتنظر تلك المحاكم في بعض المخالفات وإصدار أحكام بشأنها.

توفير مناهج ومقررات لحل الصراعات يمكن تدريب الطلاب والمعلمين بواسطتها على حل المشكلات والصراعات، وتشكيل لجنة من الوسطاء من الطلاب

للتدخل في تهدئة التوترات والصراعات بين الزملاء، ولإضفاء التأثير الإيجابي في مناخ المدرسة.

تشكيل فروع محلية من جماعات الأمن الطلابية التي تؤدي أنشطة أمنية لتأمين طلاب المدرسة ضد العنف، وتعاطي المخدرات، وضد حوادث الطرق التي قد تتعرض لها الحافلات المدرسية.

تشكيل نظام الرفاق Buddy System و ذلك بتحديد طلاب قدامى لاستقبال الطلاب الجدد لتسهيل عملية الانتقال بالنسبة إليهم وكذلك تعيين طلاب قدامى أشداء لحفظ الأمن في المدرسة.

إجراء حملة تجميلية للمدرسة وللحي المجاور لها ينفذها الطلاب بأنفسهم وبمساعدة وتوجيه من إدارة المدرسة، مثل: صيانة المبنى المدرسي، وموقف السيارات، وبعض الأماكن الأخرى خارج المدرسة.

تشجيع الطلاب على الإبلاغ عن أي مخالفات أمنية بالمدرسة عن طريق خط هاتفي مؤمن.

# الفصل الرابع

## وسائل وقائية من العنف

- **البرلمانات المدرسية.**
- **أهدافها العامة.**
- **الأهداف الخاصة.**
- **آلية انتخاب البرلمان المدرسي.**
- **المهام.**
- **الاجتماعات والعضوية.**
- **برلمان المدرسة.**
- **برلمان المديرية.**
- **برلمان الوزارة.**
- **النشاطات المحلية والعربية.**
- **خطة البرلمان المدرسي وأندية الحوار الطلابي لعام 2009/2008.**
- **الانضباط الطلابي في المدارس الحكومية والخاصة.**

## وسائل وقائية من العنف

### أولاً: البرلمانات المدرسية

تعتبر البرلمانات المدرسية التي تمارس في الوقت الحالي في المدارس واتحاد الطلبة في الجامعات الأردنية من الوسائل الوقائية للعنف وذلك لأن الطالب في المؤسستين التربويتين يمارس كافة نشاطاته ورغباته التي تفتح ذهنه نحو التخطيط لما يلبي ميوله وطموحاته وبتالي ينشغل بهذا النشاط ويبتعد عن العنف لذلك سعت وزارة التربية والتعليم و التعليم العالي بفتح المجال أمام الطلاب بوضع أسس البرلمانات المدرسية للعام الدراسي 2008/2009 ليمارس الطالب نشاطاته الحوارية و الإنتخابية والقيام بالمهام تبعده عن العنف أو شبح العنف. ويحقق الأهداف التي يسعى إليها ويحقق الأهداف التي تسعى إليها البرلمانات المدرسية حيث وضعت أسساً وأهدافاً للبرلمان المدرسية وهذه الأسس تشمل:

أولاً: أهداف البرلمانات المدرسية وأندية الحوار الطلابي:

تعزيز الحس الوطني وتجذير المواطنة وقيم الولاء والانتماء للوطن والقيادة الهاشمية عند الطلبة.

إعداد جيل قيادي واع يتحمل المسؤولية بثقة واقتدار.

تعزيز السلوك الديمقراطي عند الطلبة وتدريبهم على الممارسة الديمقراطية.

الأهداف الخاصة:

تنمية وتعزيز ثقافة الحوار وأدب الاختلاف وقيم التسامح والتعايش والانفتاح واحترام الآخر عند الطلبة.

ترسيخ مفهوم العمل التطوعي والخدمة العامة وتحفيز الطلبة على المشاركة وتحمل المسؤولية بوصفهم مواطنين.

تبصير الطلبة بالتحديات والمشاكل البيئية وتحصينهم في هذا المجال.

تحفيز الطلبة على المشاركة والتفاعل فيما بينهم وبين معلميهم ومؤسسات المجتمع المدني والرسمي.

تعزيز مفاهيم حقوق الإنسان والديمقراطية وحقوق الطفل والمرأة.

تنمية قدرات الطلبة المتميزين ومواهبهم في مجالات الإبداع الأدبي والعلمي والبيئي والفني.

ثانياً: آلية انتخاب البرلمان المدرسي:

تشكيل لجنة للإشراف على انتخابات البرلمان المدرسي برئاسة المدير وعضوية اثنين من المعلمين من بينهم مسؤول البرلمان المدرسي في المدرسة وأربعة من الطلبة غير المرشحين يسميهما مدير المدرسة.

يحدد معلم خاص بنشاط البرلمانات المدرسية وأندية الحوار الطلابي يتولى متابعة شؤون البرلمان المدرسي من انتخابات وجلسات ومؤتمرات، وذلك من قبل مدير المدرسة.

يعلن المدير فتح باب الترشيح لعضوية البرلمان المدرسي وموعد الانتخاب على مستوى الصف الواحد على أن لا يتجاوز ذلك الأسبوع الأول من شهر أيلول من كل عام.

تقدم طلبات الترشيح إلى لجنة الإشراف على الانتخابات خلال فترة الترشيح لعضوية المجلس المحددة بأسبوعين قبل موعد الانتخاب.

يتم قبول طلبات المرشحين لعضوية البرلمان المدرسي شريطة أن يكون أحد الطلبة من الصف السادس الأساسي وحتى الصف الثاني الثانوي.

يتم الانتخاب بالاقتراع السري من قبل كافة الطلبة على مستوى الصف الواحد، بحيث يتم اختيار طالب واحد عن كل صف دراسي بغض النظر عن عدد الشعب. وذلك شريطة إبلاغ قسم النشاطات التربوية في المديرية بموعد الاقتراع وعدم تعطيل المسيرة التعليمية في ذلك اليوم.

تجرى انتخابات من قبل الأعضاء المنتخبين لاختيار رئيس البرلمان المدرسي ونائب الرئيس وأمين السر.

تسلم نتائج الاقتراع إلى لجنة الإشراف على الانتخابات ليتم الإعلان عن أسماء الفائزين في عضوية مجلس البرلمان المدرسي في اليوم نفسه الذي يتم فيه الاقتراع على لوحة إعلانات المدرسة.

ثالثاً: المهام:

مهام رئيس البرلمان:

الدعوة إلى عقد اجتماعات البرلمان المدرسي وبالتنسيق مع المعلم المشرف وأعضاء البرلمان المدرسي بعد الحصول على موافقة المدير، وبما لا يقل عن اجتماع واحد في الشهر.

إدارة الاجتماعات.

تمثيل البرلمان لدى إدارة المدرسة ومديرية التربية التي تتبع لها.

وضع الخطة التنفيذية لعلم البرلمان بالتعاون والتشاور مع مدير المدرسة وأعضاء البرلمان. وتزويد المديرية بنسخة منها مشتملة على مواعيد الجلسات الثابتة وموضوعات البرلمانات المنوي عقدها خلال العام الدراسي.

الإعلان عن فعاليات وأنشطة البرلمان بالوسائل والطرق المتاحة لا سيما الإذاعة المدرسية.

مهام نائب الرئيس:

يقوم بمهام الرئيس في حالة غيابه أو إنابته.

مهام أمين السر:

إعداد جدول أعمال الاجتماعات بالتنسيق مع رئيس البرلمان والمعلم مسؤول البرلمانات.

تدوين محاضر الاجتماعات والاحتفاظ بها وتعبئة النماذج المعتمدة وتزويد المديرية بها.

الاحتفاظ بالخطط والإنجازات والتقارير الشهرية وجميع الأوراق التي تحكم عمل البرلمان.

رابعاً: الاجتماعات والعضوية:

تكون جلسة البرلمان قانونية بحضور أغلبية أعضائها على أن يكون الرئيس أو نائبه من بينهم وتصدر قراراتها بالاجتماع أو بأكثرية أصوات الحاضرين وإذا تساوت الأصوات يريح الجانب الذي صوت معه رئيس الجلسة (رئيس البرلمان أو نائبه في حالة غيابه).

- يجتمع البرلمان المدرسي مرة كل أسبوعين على أقل تقدير.
- تسقط العضوية من البرلمان المدرسي والهيئة الإدارية للأسباب الآتية:
- الاستقالة بعد الموافقة من قبل الهيئة الإدارية.
- الانتقال من المدرسة.
- التغيب عن حضور جلسات البرلمان أو الهيئة الإدارية ثلاث مرات متتالية بغير عذر.
- حجب الثقة عن أحد الأعضاء إذا ثبت عدم قيامه بواجبه الموكل إليه من قبل مجلس البرلمان والهيئة الإدارية بأغلبية ثلثي الأصوات.
- يحل مكان من تسقط عضويته في المجلس أو الهيئة الإدارية من حصل على أعلى الأصوات من غير الفائزين بالانتخابات.

خامساً: مهام البرلمان المدرسي:

عقد ندوات ومؤتمرات ومحاضرات وورش عمل على مستوى المدارس والمديريات لمناقشة قضايا في الوطن والوطنية.

عقد مؤتمر طلابي على مستوى المديرية يشارك فيه رؤساء أعضاء البرلمانات الطلابية في المدارس لمناقشة محاور تندرج تحت محور الثقافة والحوار.

تنفيذ حملات وطنية طلابية لخدمة المدرسة والمجتمع المحلي كحملات نظافة عامة تشمل المدارس وأماكن العبادة الساحات والحدائق العامة بالتنسيق مع البلديات والمجتمع المحلي.

المشاركة في حملات قطاف ثمار الزيتون.

حملات التشجير الوطنية تشمل المدرسة والمجتمع بالتعاون مع وزارتي الزراعة والبيئة.

تشكيل لجان طلابية للتوعية المرورية / وأصدقاء الشرطة / وأصدقاء البيئة.

إجراء أبحاث ودراسات وإعداد تقارير طلابية حول قضايا عامة تهم المدرسة والمجتمع المحلي وتحديد المشكلات وطرح حلول لها وإصدار توصيات بالتعاون مع المؤسسات الرسمية ومؤسسات المجتمع المدني.

عقد مؤتمرات وندوات وورش عمل بالتعاون مع مجلس الأمة ووزارة البيئة ومركز حقوق الإنسان والمجلس الأعلى للشباب وهيئة شباب كلنا الأردن ووزارة التنمية السياسية ومجلس الأمة الأردني والجمعيات الخيرية والتطوعية لمناقشة قضايا المدرسة والمجتمع المحلي والوطن وهمومه وتقديم الخدمة التطوعية للمجتمع.

المشاركة في الورش والمؤتمرات الشبابية محلياً / عربياً / دولياً لتبادل الخبرات والإفادة من التجارب الناجحة.

**سادساً: برلمان المدرسة:**

إعداد خطة البرلمان المدرسي المنسجمة مع خطة المديرية.

يشارك مجلس الطلبة في لجان النشاط المشكلة في المدرسة.

ترفع المدرسة للمديرية أسماء أعضاء المجلس وأعضاء الهيئة الإدارية خلال أسبوعين من تاريخ إجراء الاقتراع.

تقدم الهيئة الإدارية للمجلس تقارير دورية نصف سنوية عن نشاطات المجلس للمدير ليتم رفعها إلى المديرية.

يعد رئيس البرلمان المدرسي بالتعاون مع زملائه أعضاء البرلمان وإشراف مباشر من المعلم المسؤول برنامجاً يتم فيه تحديد يوم من كل أسبوع لعرض فقرة حوارية حول موضوع من الموضوعات التربوية التي تفرضها طبيعة المدرسة والمنطقة والتلاميذ والظروف المعاصرة. مثل:

يعقد البرلمان المدرسي جلسة برلمانيا كلما اقتضت الضرورة للتباحث في مشكلة تربوية على مستوى المدرسة ومحاولة الخروج بقرارات وتوصيات يكون مدير المدرسة ملزماً أخلاقياً بتلبية وتنفيذ هذه القرارات بما لا يتعارض مع فلسفة الوزارة ورؤيتها ورسالتها.

سابعاً: برلمان المديرية:

تشكل كل مديرية من مديريات التربية والتعليم برلمان المديرية المدرسي كما يلي:

رئيس البرلمان: ويتم انتخابه بعد ترشيح كل الراغبين بالترشيح من رؤساء البرلمانات المدرسية فقط.

أعضاء البرلمان: ويتم انتخاب عشرة أعضاء بعد ترشيح كل الراغبين من أعضاء البرلمانات المدرسية المنتخبين أصلاً، وطلبة أندية الحوار الطلابي وطلبة هيئة كلنا الأردن.

إعداد خطة البرلمان المدرسي المنسجمة مع خطة المديرية.

تزود كل مديرية من مديريات التربية والتعليم مسؤول البرلمانات المدرسية وأندية الحوار الطلابي في الوزارة باسم رئيس البرلمان المدرسي على مستوى المديرية، لإدراجهم ضمن أعضاء البرلمان المدرسي على مستوى الوزارة، وبخطة المديرية المنسجمة مع خطة الوزارة وبتقرير فصلي عن نشاطات البرلمانات على مستوى المديرية والمدارس.

تعقد المديرية برلماناً مدرسياً واحداً على مستوى المديرية خلال الفصل الدراسي الثاني من العام الدراسي الحالي 2009/2008م على أقل تقدير، شريطة إعلام مسؤول البرلمانات المدرسية في الوزارة بموعد البرلمان ومضامينه بحضور مدير التربية والتعليم ورؤساء الأقسام التي يتصل عملها بعمل النشاطات الطلابية مثل أقسام النشاطات والتعليم والإعلام والإرشاد والمصادر والكتب المدرسية وغيرها.

**تعقد المديرية برلماناً مدرسياً في الموضوع الذي تحدده الوزارة للمؤتمر الطلابي المركزي.**

ثامناً: برلمان الوزارة:

- **كل رئيس برلمان على مستوى المديرية يعتبر عضواً في برلمان الوزارة.**
- **تقيم الوزارة المؤتمر الطلابي المركزي في موضوع يحدد موعدة لاحقاً، يشارك فيه عدد من أعضاء البرلمان المدرسي المشكل على مستوى الوزارة بعد خضوعهم لبروفات واختيار الأكثر قدوة على التعبير والطرح وامتلاك أبجديات التخاطب وأدبيات الحوار، إضافة إلى كون أوراق عملهم أكثر شمولاً وإصابة للأهداف التربوية في موضوع المؤتمر.**
- **التنسيق مع هيئة شباب كلنا الأردن لإقامة نشاطات مشتركة بين شباب الهيئة وطلبة الهيئة. وذلك لبحث موضوعات وقضايا وطنية هامة اجتماعية واقتصادية أو تنموية وغيرها.**
- **دعم نشاطات هيئة شباب كلنا الأردن بالمشاركين مع طلبة الهيئة بناء على كتب رسمية.**
- **استثمار شباب الهيئة في دعم نشاطات طلبة الهيئة بالحضور والمشاركة.**

تاسعاً: النشاطات المحلية والعربية:

يتم اختيار الطلبة لتمثيل الوزارة من أفضل الطلبة أعضاء البرلمانات الذين يبدون كفاءة عالية   الحوار وذلك في النشاطات التالية:

- المؤتمرات الوطنية التي تقيمها الجهات والمؤسسات ذات العلاقة.
- المؤتمرات والملتقيات العربية لا سيما ملتقى الشارقة، مؤتمر الأطفال العرب، ملتقى القاهرة، جامعة الدول العربية.
- ورشات العمل التي ينظمها المجلس الأعلى للشباب.
- ورشات العمل التي تنظمها وزارة التنمية السياسية.
- ورشات العمل التي تنظمها هيئة شباب كلنا الأردن.
- ورشات العمل التي تنظمها مؤسسات حقوق الإنسان.

## خطة البرلمان المدرسي وأندية الحوار الطلابي للعام الدراسي 2008/2009م

| رقم | المجال | الهدف | الفعاليات والأنشطة | تاريخ التنفيذ |
|---|---|---|---|---|
| 1 | انتخاب البرلمان المدرسي | تعزيز السلوك الديمقراطي عند الطلبة وتدريبهم على الممارسة الديمقراطية | تسمية المعلم المسؤول عن البرلمان المدرسي وأندية الحوار الطلابي وأندية طلبة هيئة شباب كلنا الأردن وتشكيل لجنة للإشراف على الانتخابات | الأسبوع الثاني من شهر تشرين الثاني /2008م |
| | | | إعلان موعد انتخاب رؤساء وأعضاء البرلمان المدرسي وفتح باب الترشيح على مستوى المدرسة من خلال الإذاعة المدرسية ولوحة الإعلانات، وتقديم الطلبات وقبول الترشيح | الأسبوع الثاني من شهر تشرين الثاني /2008م |
| | | | إجراء الانتخابات بالاقتراع السري بواقع طالب عن كل صف دراسي بغض النظر عن الشعبة وإعلان النتائج في اليوم نفسه الذي يتم فيه الاقتراع وانتخاب رئيس البرلمان ونائبه وأمين السر. وتزويد المديرية بأسماء رؤساء وأعضاء البرلمانات المدرسية | الأسبوع الثاني من شهر تشرين الثاني /2008م |
| | | | إجراء انتخابات على مستوى المديرية لاختيار رئيس أعضاء البرلمان المدرسي على مستوى المديرية (برلمان المديرية) | الأسبوع الثاني من شهر تشرين الثاني /2008م |

| | | | | |
|---|---|---|---|---|
| | | | تزويد الوزارة باسم وبيانات رئيس برلمان المديرية لإدراجه ضمن أعضاء البرلمان المدرسي على مستوى الوزارة (برلمان الوزارة). وتزويدها باسم مسؤول البرلمانات "المعني بالبرلمان" في المديرية | الأسبوع الثالث من تشرين الثاني /2008م |
| 2 | خطة البرلمان المدرسي | تنمية قدرة الطلبة على التخطيط والتنسيق وامتلاك زمام المبادرة وكتابة التقارير | إعداد المديرية خطتها للبرلمان المدرسي وفعالياته ونشاطاته على مستوى المديرية والمدارس وتزويد الوزارة بها | الأسبوع الثالث من تشرين الثاني /2008م |
| | | | إعداد المديرية خطتها للبرلمان المدرسي وفعالياته ونشاطاته على مستوى المدرسة وتزويد المديرية بها | الأسبوع الثالث من تشرين الثاني /2008م |
| | | | تفعيل نماذج الأيزو المعتمدة واعتماد سجلات توثق فيها النشاطات وتواريخها وتحفظ في المدرسة | على مدار العام |
| | | | إعداد فقرات حوارية عبر الإذاعة المدرسية حول موضوعات وطنية واجتماعية تربوية هادفة | على مدار العام |
| 3 | عقد الجلسات البرلمانية | إعداد جيل قيادي واع يتحمل المسؤولية بثقة واقتدار، وتعزيز الحس الوطني وقيم الولاء والانتماء لوطن والقيادة الهاشمية عند الطلبة | تعقد المدرسة جلساتها البرلمانية بواقع جلسة كل أسبوعين على أقل تقدير | على مدار العام |
| | | | تعقد المديرية جلساتها البرلمانية وفق خطتها للبرلمان المدرسي | على مدار العام |
| | | | عقد الجلسات والندوات والورش التدريبية في مفاهيم حقوق الإنسان والديمقراطية والتربية الوطنية على مستوى المدرسة والمدرية والوزارة خلال العام الدراسي | على مدار العام |

| | | | | |
|---|---|---|---|---|
| 4 | المؤتمرات الطلابية | تنمية وتعزيز ثقافة الحوار وأدب الاختلاف وقيم التسامح والتعايش والانفتاح واحترام الآخر عند الطلبة | إقامة المديرية المؤتمر الطلابي التمهيدي للمؤتمر الطلابي المركزي الذي تقيمه الوزارة خلال الفصل الدراسي الثاني | شهر اذار /2009م |
| | | | إقامة الوزارة المؤتمر الطلابي المركزي "يحدد تاريخه وموضوعه لاحقاً" | شهر نيسان /2009م |
| 5 | الحملات الوطنية | تجذير مفاهيم المواطنة الصالحة وغرس حب الوطن وقيم التعاون والتكامل والعمل بروح الفريق الواحد في نفوس الطلبة | تنظيم حملات التوعية بالحقوق والواجبات الوطنية وحقوق الإنسان، والمفاهيم والثقافة الوطنية ونصوص الدستور الأردني وأدبيات الممارسة الديمقراطية وشروطها | على مدار العام |
| | | | تشكيل لجان التوعية المرورية واصدقاء الشرطة والأندية البيئية، وأندية الحفاظ على الإرث الحضاري والثقافي | على مدار العام |
| | | | تنظيم حملات النظافة العامة وقطاف ثمار الزيتون وسائر النشاطات البيئية للمحافظة على المكتسبات والمنجزات الوطنية | على مدار العام |
| 6 | التشبيك والتواصل | تحفيز الطلبة على المشاركة والتفاعل مع مؤسسات المجتمع المدني والكشف عن مواهب الطلبة وقدراتهم وإبداعاتهم | التنسيق والتعاون مع المؤسسات الوطنية الرسمية والأهلية لعقد الورش الوطنية التربية حسب الأصول | على مدار العام |
| | | | إقامة المسابقات الثقافية والمبارزات الشعرية الوطنية والجلسات البرلمانية الهادفة وكتابة الأبحاث العلمية المتعلقة بحقوق الإنسان | على مدار العام |

•

- مسؤول البرلمانات المدرسية    :    فوزي الخطيب.
- رئيس قسم النشاط الثقافي:    جمال أبو كحيل.
- مدير النشاطات الثقافية والفنية: الدكتور هاني الجرّاح.
- مدير إدارة النشاطات التربوية: الدكتورة عبلة أبو نوار.

وبعد أن انتهينا من البرلمانات المدرسية وتعرفنا على أهدافه وأسس العمل به ومهامه لابدّ لهذا النشاط من تنمية الوعي لدى طلبة المدارس بإبعادهم عن العنف وتنمية الوعي الكامل لديهم بما يساعدهم على الحوار البناء الهادف وإن ممارسة هذا النشاط وبتوجيه وإرشاد من المعلمين الأكفاء يصبح لدى طلبة المدارس الوعي بالتجربة الانتخابية الأردنية التي حصلت في السنوات السابقة والتي أصبح يعدها الطلاب في الجامعات يمارسون الانتخاب على ضوء الانتخابات الأردنية فيما يعرف باسم انتخابات اتحاد الطلبة في الجامعات الأردنية والطالب اليوم وهو على مقعد الدراسة في المدارس الأردنية وفي بداية كل عام دراسي جديد يمارس الطالب أنواعاً متعددة من الانتخابات منها البرلمانات المدرسية، ومجلس الطلبة، وعريف الصف، والفرق الأردنية والفرق الفنية، ولجان الإذاعة المدرسية، والصحية، والثقافة والاجتماعية، والدينية، والبيئية، والمرورية، والسلامة العامة، والكشافة والمرشدات، والقرش الخيري، والهلال الأحمر، والرحلات المدرسية.

وعلى ضوء ذلك والأردن يستعد الآن ليجري انتخابات نيابية حرة ونزيهة في نهاية عام 2010 وهذا ما أكده جلالة الملك عبداللـه الثاني بن الحسين المعظم في خطابه التاريخي بعيد الجلوس وذكرى الثورة العربية الكبرى ويوم الجيش بقوله "ملتزمون

بإجراء الانتخابات النيابية في الربع الأخير من هذا العام وستكون بمنتهى الشفافية والنزاهة"

(جريدة الدستور الأردنية عدد 15413 تاريخ 2010/6/9).

وعلى هذا الأساس فإن مضمون خطاب جلالة الملك عبدالله الثاني ابن الحسين في موضوع الانتخابات يعتبر شعاراً لكل فرد من أفراد المجتمع الأردني لأن يمارس حقوقه الانتخابية بما يخدم صالح الوطن والمواطن وهذه الانتخابات تعتبر قدوة لممارسة الطلاب حقوقهم في الانتخابات وهم على مقاعد الدراسة في المدرسة أو في الجامعات الأردنية على مستوى الجامعة أو على مستوى الوطن وهذا ما يتعلمونه أثناء فترات حياتهم ومنذُ نعومة أظافرهم.

حتى يصبحوا كباراً لهم التجربة الحقيقية في ممارسة هذا العرس الديمقراطي في كل فترة زمنية تحددها ظرف الأردن وإمكاناته ليساير متغيرات العصر وطموحاته.

إن العمل بالبرلمانات المدرسية وطرق الانتخاب فيها وسماع وسائل الإعلام وهي تتحدث عن الانتخابات النيابية في الأردن واهتمام صاحب الجلالة بممارسة الانتخابات النيابية بتعبير حر سليم وبنزاهة وشفافية وبحوار وطني شامل بين أبناء الوطن فيما يخدم مصلحة هذا الوطن العزيز ويدفع هذا الأسلوب إلى تجديد الحياة في نفوس الصغار والكبار ويعتبر هذا الحوار وقاية وعلاج لكل أساليب العنف والإكراه والتحدي والتسلط.

ثانياً: مجالس الطلبة

بعد أن انتهينا من موضوع البرلمانات المدرسية ودورها في الوقاية من العنف ننتقل إلى موضوع آخر يمارسه الطلاب في المدارس والجامعات لا يقل أهمية عن هذه البرلمانات ألاّ وهو مجالس الطلبة في المدارس وهو أيضاً ما يعرف بإتحاد الطلبة في الجامعات الأردنية.

ونظراً لأهمية هذه المجالس عملت وزارة التربية والتعليم في تشريعاتها التربوية بإصدار تعليمات تسمى تعليمات مجالس الطلبة في المدارس الحكومية والخاصة رقم (8) لسنة 2007 ليمارس الطلاب حريتهم في انتخاب مجلس طلبة لتوفير جو مناخ تربوي سليم يساعد على عملية التعلم والتعليم بعيداً عن ممارسة العنف بكل أشكاله ومما جاء في هذه التعليمات الصادرة بمقتضى الفقرة (د) من المادة السادسة من قانون التربية والتعليم رقم (3) لسنة 1994 وتعديلاته حيث أنه يشتمل على مواد منها:

المادة الأولى:

تسمى هذه التعليمات (تعليمات مجالس الطلبة في المدارس الحكومية والخاصة لسنة 2007) ويعمل بها من تاريخ نشرها في الجريدة الرسمية.

المادة الثانية:

يكون للعبارات والكلمات التالية المعاني المخصصة في أدناه ما لم تدل القرينة على غير ذلك:

- الوزارة: وزارة التربية والتعليم.
- الوزير: وزير التربية والتعليم.
- المديرية: مديرية التربية والتعليم في المحافظة / اللواء / المنطقة.
- المدرسة: أي مدرسة حكومية أو خاصة تنطبق عليها أحكام هذه التعليمات.
- المدير: مدير / مديرة المدرسة.
- العضو: كل طالب في المدرسة من طلبة الصف الخامس الأساسي وحتى الصف الثاني الثانوي.
- الهيئة العامة: جميع طلبة المدرسة (الأعضاء) الذين يشاركون في انتخاب مجلس الطلبة.
- مجلس الطلبة: الأعضاء المنتخبون (كل شعبة صفية تنتخب طالبين بإشراف مربي الصف).

- الهيئة الإدارية: الأعضاء المنتخبون من مجلس الطلبة بحيث لا يقل عددهم عن خمسة ولا يزيد عن نصف عدد شعب المدرسة.
- المشرف: المعلم المسؤول عن مجلس الطلبة ويفضل أن يكون المرشد التربوي إن وجد.

المادة الثالثة:

تهدف مجالس الطلبة إلى:

- إعداد جيل قيادي قادر على تحمل المسؤولية ويمتلك القدرة على الاتصال الفعال والتخطيط وإدارة المواقف المختلفة.
- تعزيز روح الانتماء للوطن.
- تنمية الممارسات الديمقراطية وروح الحوار البناء واحترام الرأي الآخر.
- توثيق الروابط بين المدرسة والمجتمع المحلي.
- مشاركة الطلبة في إدارة المدرسة واتخاذ القرارات فيما يتعلق بالجوانب الخاصة بالطلبة وبما لا يتعارض مع نظامها.
- المشاركة الفاعلة مع مجلس أولياء الأمور المعلمين في عمليات التطوير في المدرسة.
- المساعدة في تمكين المدرسة من أداء وظيفتها نحو الطلبة ومجتمعها.

المادة الرابعة:

يتم انتخاب مجلس الطلبة على النحو الآتي:

يقوم أعضاء مجلس الطلبة السابق بالتنسيق مع المشرف بتوضيح ماهية وأهداف وآلية انتخاب المجلس لأعضاء الهيئة العامة بالطرق والوسائل المتاحة قبل نهاية شهر آب من كل عام.

تشكل لجنة للإشراف على انتخابات مجلس الطلبة برئاسة المدير وعضوية اثنين من المعلمين واثنين من الطلبة غير المرشحين يسميهما مدير المدرسة.

يعلن المدير فتح باب الترشيح لعضوية مجلس الطلبة وموعد الانتخاب على مستوى الشعبة الواحدة على أن لا يتجاوز ذلك الأسبوع الأول من شهر أيلول.

تقدم طلبات الترشيح إلى لجنة الإشراف على الانتخابات خلال فترة الترشيح لعضوية المجلس المحددة بأسبوعين قبل موعد الانتخاب.

يتم قبول طلبات المرشحين لعضوية مجلس الطلبة ضمن الشروط التالية:

- أن يكون أحد الطلبة من الصف الخامس الأساسي وحتى الصف الثاني الثانوي.
- أن لا يكون قد صدر بحقه عقوبة.

- تسلم نتائج الاقتراع إلى لجنة الإشراف على الانتخابات ليتم الإعلان عن أسماء الفائزين في عضوية مجلس الطلبة في اليوم نفسه الذي يتم فيه الاقتراع على لوحة إعلانات المدرسة.

المادة الخامسة:

يعقد مجلس الطلبة اجتماعه الأول خلال أسبوع من انتخابه بحضور الأغلبية لينتخب من بين أعضائه الهيئة الإدارية المؤلفة على النحو الآتي:

رئيس المجلس.

نائب الرئيس.

أمين السر.

الأعضاء (ما يتمم عددهم على خمسة أو نصف عدد شعب المدرسة أيهما أكثر).

المادة السادسة:

تكون مهام رئيس المجلس:

الدعوة إلى عقد اجتماعات الهيئة الإدارية وبالتنسيق مع المعلم المشرف وأعضاء مجلس الطلبة بعد الحصول على موافقة المدير، وبما لا يقل عن اجتماع واحد في الشهر.

إدارة الاجتماعات.

تمثيل المجلس لدى إدارة المدرسة ومديرية التربية التي تتبع لها واجتماعات مجلس أولياء الأمور والمعلمين.

وضع رؤية أولية حول أهم القضايا والموضوعات التي سيعمل عليها المجلس بالتشاور والمشاركة مع أعضاء الهيئة الإدارية.

وضع خطة عمل المجلس بالتشاور والمشاركة مع مجلس أولياء الأمور والمعلمين.

متابعة أوجه الصرف التي حددت للمجلس من ميزانية المدرسة.

الإعلان عن فعاليات وأنشطة المجلس وقراراته بالوسائل والطرق المتاحة.

نائب الرئيس: يقوم بمهام الرئيس في حالة غيابه أو إنابته.

أمين السر:

إعداد جدول أعمال الاجتماعات بالتنسيق مع المشرف.

كتابة محاضر الاجتماعات والاحتفاظ بها.

الاحتفاظ بالخطط والإنجازات والتقارير الشهرية وجميع الأوراق التي تحكم عمل المجلس.

المادة السابعة:

يكون اجتماع الهيئة الإدارية قانونياً بحضور أغلبية أعضائه على أن يكون الرئيس أو نائبه من بينهم وتصدر قراراتها بالإجماع أو بأكثرية أصوات الحاضرين وإذا تساوت الأصوات يرجح الجانب الذي صوت معه رئيس الجلسة.

المادة الثامنة:

سقوط العضوية:

تسقط العضوية من مجلس الطلبة والهيئة الإدارية للأسباب الآتية:

- الاستقالة بعد الموافقة من قبل الهيئة الإدارية.
- الانتقال من المدرسة.
- ارتكاب مخالفات مدرسية متكررة.

- التغيب عن حضور جلسات المجلس أو الهيئة الإدارية أربع مرات متتالية بغير عذر.

- حجب الثقة عن أحد الأعضاء إذا ثبت عدم قيامه بواجبه الموكل إليه من قبل المجلس والهيئة الإدارية بأغلبية ثلثي الأصوات.

- الوفاة.

- يحل مكان من تسقط عضويته في المجلس أو الهيئة الإدارية من حصل على أعلى الأصوات من غير الفائزين بالانتخابات.

- المادة التاسعة: يتولى مجلس الطلبة بالتنسيق مع المشرف المهام الآتية:

- الوقوف على اقتراحات وحاجات الطلبة وآليات التواصل والاتصال مع طلبة المدرسة.

- تزويد مدير المدرسة بالتغذية الراجعة حول الخطة التطويرية للمدرسة فيما يخص الطلبة.

- المشاركة في وضع اللوائح التنظيمية المدرسية.

- مساهمة مجلس الطلبة في عملية الضبط الذاتي ومعالجة السلوكيات غير المرغوب فيها.

- مناقشة القضايا التي تتعلق باستراتجيات التعلم والتعليم والتقويم.

- المشاركة في عملية اصطفاف الطابور الصباحي وبعد الاستراحة.

- المساهمة في نظافة المدرسة والعناية بحديقتها.

- المساهمة والإشراف على عملية التسلم والتسليم للكتب المدرسية واستقبال الطلبة الجدد.

- القيام بتنظيم الطلبة أثناء عمليات البيع في مقصف المدرسة.

- المساهمة في عمليات الإشراف على ساحات وملاعب المدرسة ومراقبة مبانيها.

- المساهمة في إقامة الحفلات الرياضية والاجتماعية والمهرجانات المختلفة وتنظيم الرحلات المدرسية، وإشراك أولياء الأمور وأبناء المجتمع المحلي من أجل توثيق أواصر الألفة بين المدرسة والمجتمع.

- المساهمة في رفع المستوى الثقافي والاجتماعي والصحي بين صفوف الطلبة وذلك من خلال تنظيم حملات التوعية والندوات والمحاضرات.

- دعوة خريجي المدرسة إلى حفلات واجتماعات في أيام معينة من السنة تقام من أجل توثيق الروابط بين الجيل الحاضر والجيل السابق من خلال المدرسة.

- المساهمة في تنظيم تجمعات ومخيمات تجمع الطلبة وأولياء الأمور والمعلمين لبث روح الديمقراطية والتعاون فيما بينهم.

- المساهمة بالارتقاء بالعملية التربوية من خلال المشاركة بالمؤتمرات والندوات التربوية وورش العمل المتخصصة.

المادة العاشرة:

أحكام عامة:

يشارك مجلس الطلبة في لجان النشاط المشكلة في المدرسة.

يجوز للمجلس تشكيل لجان مؤقتة من بين أعضائه للقيام بمهام معينة والاستعانة بمن تراه مناسباً من أعضاء الهيئة العامة لأداء مهامه.

ترفع المدرسة للمديرية أسماء أعضاء المجلس وأعضاء الهيئة الإدارية خلال أسبوعين من تاريخ إجراء الاقتراع.

تقدم الهيئة الإدارية للمجلس تقارير دورية نصف سنوية عن نشاطات المجلس للمدير ليتم رفعها إلى المديرية.

المادة الحادية عشرة: تلغى أسس إنشاء مجالس الطلبة في مدارس وزارة التربية والتعليم وأية تعليمات أخرى تتعارض مع هذه التعليمات.

وزير التربية والتعليم

الدكتور خالد طوقان

ثالثاً: الانضباط المدرسي:

إن تعليمات الانضباط المدرسي وتفعيلها بشكلها الصحيح يساعد في إيجاد بيئة مدرسية آمنة خالية من العنف وبتطبيق هذه التعليمات يتم التأديب بعيداً عن الضرب فالذي لا يحترم التعليمات والنظام لا يُحترم لهذا فقد صدرت في الجريدة الرسمية في عددها 4823 الموافق 2007/5/1 تعليمات رقم (1) لسنة 2007 فيما تسمى بتعليمات الانضباط في المدارس الحكومية والخاصة والصادرة بمقتضى الفقرة (هـ) من المادة السادسة من قانون التربية والتعليم رقم 3 لسنة 1994 وتعديلاته بحيث يشمل المواد التالية.

المادة الأولى:

تسمى هذه التعليمات (تعليمات الانضباط الطلابي في المدارس الحكومية والخاصة لسنة 2007) ويعمل لها من تاريخ نشرها في الجريدة الرسمية.

المادة الثانية:

يكون للكلمات والعبارات التالية المعاني المخصصة لها أدناه ما لم تدل القرينة على غير ذلك:

الوزارة: وزارة التربية والتعليم.

الوزير: وزير التربية والتعليم.

المديرية: مديرية التربية والتعليم / المحافظة / اللواء / المنطقة.

المدير: مدير التربية والتعليم.

المدرسة: كل مؤسسة تعليمية تشتمل على جزء من مرحلة أو مرحلة أو أكثر من مراحل التعليم بأنواعه المختلفة، ويتعلم فيها أكثر من عشرة طلاب تعليماً نظامياً، ويقوم بالتعليم فيها معلم أو أكثر.

المعلم: كل من يتولى التعليم أو أي خدمة تربوية متخصصة في أي مؤسسة تعليمية حكومية أو خاصة.

الطالب: أي طالب / طالبة في أي مدرسة حكومية أو خاصة.

المجلس: مجلس الضبط المشكل بموجب أحكام هذه التعليمات.

الدليل: مجموعة من التدابير والإجراءات الوقائية والعلاجية المخطط لها المتخذة للحيلولة دون وقوع مشكلة متوقع حدوثها بهدف إعاقتها والحد منها جزئياً أو كلياً.

المادة الثالثة:

تستخدم المدرسة الأساليب الوقائية والعلاجية لتعديل سلوك بشكل إيجابي ومقبول لجميع الطلبة من خلال الوسائل التربوية المختلفة.

توثق السلوكات غير المرغوب فيها للطالب المختلف ومدى تكرارها والمبلغ عنها من قبل مربي الصف والمرشد التربوي في سجل يحتفظ به لدى مدير المدرسة، ويبلغ بها ولي الأمر خطياً.

بالإضافة لما ورد في استمرارية الأساليب التربوية توقع العقوبات على المخالفات السلوكية كما تحددها هذه التعليمات في المواد اللاحقة من الصف السابع الأساسي فأعلى.

المادة الرابعة: مجلس الضبط:

يشكل مجلس الضبط في كل مدرسة تشمل الصف السابع أو صف أعلى على النحو التالي:

مدير المدرسة رئيساً.

أربعة معلمين أعضاء (وينتخبون بالاقتراع السري من قبل الهيئة التدريسية في مطلع كل عام دراسي ويكون نائب الرئيس أحد المعلمين الحاصل على أعلى الأصوات.

مربي الصف الذي ينتمي إليه الطالب عضواً في تلك الحالة.

ممثل لمجلس الآباء أو الأمهات عضواً ويتم انتخابه من قبل مجلس الآباء أو الأمهات على أن لا يكون من أعضاء الهيئة التدريسية في المدرسة.

ممثل عن الطلبة ويتم انتخابه من قبل أعضاء مجالس الطلبة.

في المدارس التي لا يتوافر فيها العدد الكافي من المعلمين ليكونوا أعضاء في المجلس، يقتصر تشكيله على مدير المدرسة رئيساً وكافة المعلمين أعضاء بالإضافة إلى ممثل لمجلس الآباء أو الأمهات وممثل عن الطلبة.

اجتماعات المجلس:

- يقوم مدير المدرسة رسمياً بتبليغ المدير بأسماء أعضاء المجلس في بداية كل عام دراسي مع إرفاق محضر اجتماع انتخاب المجلس.

- يجتمع المجلس بدعوة من رئيسه أو نائبه في حالة غيابه بناء على شكوى خطية مؤرخة وموقعة من المشتكي.

- يستثنى الرئيس أو أي عضو من الاشتراك في المجلس إذا كان مشتكياً أو طرفاً من أطراف القضية في تلك الحالة.

- يمكن أن يجتمع المجلس دون حضور مثل عن الطلبة إذا اقتضت الضرورة ذلك.

- يكون النصاب القانوني لاجتماع المجلس، بحضور ثلثي الأعضاء من بينهم الرئيس أو نائبه، وتكون قراراته بأغلبية أصوات الحاضرين وفي حالة تساوي الأصوات يرجح الجانب الذي يؤيده الرئيس.

مهام المجلس: يقوم المجلس بما يلي:

- أخذ إفادة خطية لكل من المشتكي والمشتكى عليه والشهود على انفراد أمام المجلس.

- النظر في الشكوى المقدمة، وإصدار قراره أو توصيته بشأنها خلال مدة لا تزيد على ثلاثة أيام عمل من تاريخ تقديمها إلا إذا تعذر حضور أحد أطراف القضية الرئيسية لأسباب قاهرة ومشروعة.

- تنظيم محاضر التحقيق وقرارات المجلس وتوقيعها من قبل أعضاء المجلس وإرسال صورة منها إلى المدير والوزير وحفظ صورة أخرى في المدرسة وذلك بالنسبة للعقوبات التي تستدعي موافقة المدير أو قرار الوزير.

- تدوين قرارات المجلس موقعة من جميع أعضائه الحاضرين في سجل خاص يحتفظ به لدى إدارة المدرسة.

المادة الخامسة:

يتم التعامل مع مخالفات الطلبة في الصفوف السابع فما فوق من قبل مجلس الضبط وفق الآلية التالية:

- توقع عقوبة الإنذار على الطالب المخالف بتنسيب من مربي الصف وبقرار من مدير المدرسة، وذلك في الحالات التالية:

- تعطيل الأدوات المدرسية أو إتلافها مع إلزامه بإصلاح الضرر أو التعويض.

- إدخال أو ترويج أو توجيه الطلبة للتعامل مع المطبوعات أو الصور أو البرامج المخلة بالحياء العام بصورها ومصادرها المختلفة.

- حيازة آلة حادة أو أي أداة يمكن استخدامها في أعمال العنف.

- الغش في الامتحانات المدرسية أو إتلاف أوراق إجابته أو إجابة أحد زملائه أو أي سلوك من شأنه تعطيل وعرقلة الامتحانات.

- قيام الطالب أو مشاركته بالتحريض على عرقلة الحصة أو تعطيل العملية التربوية.

- سرقة أي من ممتلكات المدرسة أو الطلبة أو العاملين فيها مع تغريمه قيمة المسروقات وإعادتها إلى ما كانت عليه.

- انتهاك حرمة شهر رمضان.

- استخدام الهاتف النقال في الحصة الصفية أو النشاطات المبرمجة.

- التلفظ بكلمات بذيئة ومنافية للآداب والأخلاق العامة.

- المادة السادسة: تناط بمجلس الضبط الصلاحيات الآتية:

- إيقاع عقوبة النقل داخل مدارس المديرية على الطالب المخالف بقرار من المجلس وموافقة المدير في الحالات التالية:

- تكرا أحد المخالفات التي اقترنت بإنذار سابق.
- تعاطي العقاقير والكحول والمسكرات والمواد المخدرة أو المؤثرات العقلية للطلبة ممن تقل أعمارهم عند وقوع الحادثة عن 16 سنة.
- النقل خارج مدارس المديرية: توقع عقوبة النقل خارج مدارس المديرية على الطالب المخالف بقرار من المجلس وموافقة المدير في الحالات التالية:
- تكرار المخالفات المنصوص عليها المقترنة بإنذارات سابقة.
- إشهار آلة حادة والشروع بالاعتداء على طالب أو على أي من العاملين في المدرسة.
- لا يجوز إعادة الطالب المخالف إلى مدرسته إلا بعد انقضاء عام دراسي واحد على الأقل على العقوبة وبموافقة أعضاء مجلس الطلبة.
- تعرض جميع القضايا الطلابية على المرشد التربوي في المدرسة قبل عرضها على المجلس لدارسة أبعادها وملابساتها ومن ثم كتابة التقرير بشكل مفصل وعرضه على المجلس قبل انعقاده.

المادة السابعة:

مع مراعاة ما ورد في الفقرة ج من المادة العاشرة من قانون التربية والتعليم رقم (3) لسنة 1994 وتعديلاته توقع عقوبة الإخراج من التعليم حتى نهاية العام الدراسي على الطالب المخالف بقرار من المجلس وبموافقة المدير في الحالات التالية:

تكرار المخالفات المنصوص عليها المقترنة بعقوبات سابقة خلال العام الدراسي الواحد.

- إهانة أحد المعلمين أو العاملين في المدرسة.
- إذا تعرض للذات الإلهية أو الأديان السماوية أو الرسل بالشتم والسب أو بأي طريقة أخرى.
- تعاطي العقاقير والكحول والمسكرات والمواد المخدرة أو المؤثرات العقلية.
- يجوز للطالب المخالف الذي استحق عقوبة الإخراج من التعليم حتى نهاية العام الدراسي العودة إلى مدرسته في بداية العام الدراسي الثاني ضمن استيعابها أو إلى أي مدرسة أخرى بعد أخذ تعهد خطي من الطالب وولي أمره بالالتزام وعدم تكرار المخالفات السلوكية شريطة اقتران ذلك بموافقة المدير.

المادة الثامنة:

توقع عقوبة الفصل من التعليم في المدارس الحكومية والخاصة للطلبة بناءاً على توصية من المجلس و تنسيب المدير وقرار من الوزير (مع مراعاة ما ورد في الفقرة ج من المادة العاشرة من قانون التربية والتعليم رقم (3) لسنة 1994 وتعديلاته) في الحالات التالية:

- تكرار أي من المخالفات الواردة في المادة السابعة.

- التعرض بالإساءة لأصحاب المقامات العليا والراية الأردنية أو الرموز الأردنية لفظاً أو فعلاً.

- ارتكاب سلوك منافٍ للعفة ومخل بالأخلاق والآداب العامة كالسلوك اللا أخلاقي والاعتداءات الجنسية أو ممارسة سلوك جنسي.

- التشهير بأعراض الآخرين، وإيقاع الفتن بين الزملاء والآخرين (على سبيل المثال لا الحصر).

- الاعتداء على أحد المعلمين أو العاملين في المدرسة شخصياً أو بالاتفاق مع الغير داخل أو خارج المدرسة.

- تعمد إيذاء أحد الطلبة باستخدام أداة صلبة أو آلة حادة.

- ترويج العقاقير والكحول المسكرة أو المواد المخدرة أو مواد المؤثرات العقلي

المادة التاسعة:

أحكام عامة:

ينبغي عدم لجوء المجلس أو المدرسة إلى أي من الممارسات التالية:

- العقاب البدني بأية صورة من الصور.
- تخفيض العلامة المدرسية أو التهديد بذلك.
- حرمان الطالب من تناول وجبة الطعام في موعدها.
- تكليف الطالب بنسخ الواجب المدرسي أو القيام بمهام مدرسية أكثر من زملائه داخل الصف أو في المدرسة.
- السخرية والاستهزاء أو التجريح لأي سبب من الأسباب.
- تحقير الطالب أو إذلاله أو إهانته بأي شكل كان.
- اللجوء إلى أسلوب العقاب الجماعي لمخالفة ارتكبها أحد الطلبة أو مجموعة معينة منهم.
- عدم إخراج الطالب من المدرسة أثناء الدوام الرسمي لمخالفة ارتكبها.
- عدم حجز حقيبة كتب الطالب أو أي أدوات مدرسية يملكها لأي سبب من الأسباب.
- يقوم مدير المدرسة بإبلاغ ولي أمر الطالب خطياً بالإجراءات التي اتخذت بحق الطالب.

يجوز للجهة صاحبة القرار كل ضمن صلاحياتها المنصوص عليها في هذه التعليمات تخفيف أية عقوبة إلى عقوبة أدنى منها أو إلغائها إذا كانت هناك أعذار أو أسباب مخففة في ضوء ما يلي:

- سلوك الطالب الإيجابي وعدم وجود سلبيات في السابق من خلال الاستئناس برأي المرشد التربوي ومربي الصف.
- الحالة المرضية المزمنة للطالب على أن يكون موثقاً بتقرير طبي مسبق قبل وقوع المخالفة.
- وجود الطالب في حالة نفسية وانفعالية حادة دفعته للصرف بسلوك غير مرغوب فيه.
- تنازل المشتكي عن شكواه قبل صدور القرار بحق الطالب المشتكي عليه من الجهة صاحبة القرار.

- إذا تطلبت التحقيقات في موضوع المخالفة المستندة إلى أحد الطلبة فترة من الزمن فلمدير المدرسة منع الطالب من حضور الحصص لمدة لا تزيد على ثلاثة أيام على أن يبقى الطالب داخل أسوار المدرسة لحين صدور القرار النهائي بحقه.

- عند إيقاع أي عقوبة ينبغي أن تتفق وجسامة المخالفة ولا يشترط التدرج في العقوبات.

- في حال وقوع أي من المخالفات التي لا تتناولها هذه التعليمات تعرض على لجنة التربية في المديرية لدراستها واتخاذ القرار المناسب بشأنها.

- تتولى المديرية المعنية في الوزارة أو في مديريات التربية والتعليم أو أقسام الإرشاد التربوي والصحة النفسية دراسة قضايا مجالس الضبط.

المادة العاشرة:

تلغي هذه التعليمات، تعليمات انضباط المدرسي رقم (1) لسنة 1998 وتعديلاتها.

وزارة التربية والتعليم

الدكتور خالد طوقان

وإن تطبيق هذه التعليمات داخل المدرسة يساعد في ضبط الطلاب وسلوكاتهم ويعمم النظام وتتحقق الأهداف المنشودة والمطلوبة. ويصبح التعليم أكثر فاعلية وتصبح المدرسة بيئة تعليمية جاذبة وذات مناخ تربوي سليم. وبسيادة القانون والنظام والتعليمات يسود العدل ويعمم الأمان.

# الفصل الخامس

الأنشطة المدرسية والبيئة المدرسية الآمنة

## الأنشطة المدرسية والبيئة المدرسية الآمنة

أولاً: تعريف النشاط:

النشاط في اللغة/يعني ممارسة صادقة لعمل من الأعمال فيقال ناشط زراعي ، ناشط تجاري.

( أبراهيم أنيس ورفاقه923)

والنشاط عند علماء التربية / يعني تلك البرامج التي تشرف المدرسة على التخطيط لها وتنفيذها داخل المدرسة أو خارجها حسب الإمكانات والظروف المتاحة وبما يضمن للمتعلم ما يتناسب مع ميوله واستعداداته نمو شامل ومتكامل بما يحقق له أهداف التربية وتقدم المجتمع ورقيه.

مجلة البحوث الأمنية (العدد 32 ص 91)

وقد عرف النشاط المدرسي/ بأنه نشاط موجه خارج الصف ضمن المجال التربوي الذي لا يقل أهمية عن الدرس في الصف إذ يعبر فيه التلاميذ عن ميولهم، ويشبعون حاجاتهم ، كما يتعلمون من خلاله مهارات وصفات يصعب تعلمها في الصف العادي، مثل التعامل مع الغير ، تحمل المسؤولية، ضبط النفس، أحترام العمل، وإتقان بعض مهاراته، العبرة الأساسية ليست في أن تنهض مدارسنا بالنشاط أو لا تنهض أو أن تكثر من النشاط أو تحد منه ، وإنما في أن تحرص المدرسة على الغاية التربوية من كل نشاط، وذلك بتحديد أهدافه والتخطيط له على بصيرة، وتنفيذه على النحو الذي يؤدي الى أكساب التلاميذ القائمين به بصراً وفكراً ومهارة ثم تقويمه بما يضمن زيادة توجيهه وتحسينه.

(فهمي توفيق 1987-21)

ومن التعارف الأخرى للنشاط المدرس بأنه ، ممارسة تظهر في أداء الطلاب على المستوى العقلي والحركي والنفسي والاجتماعي بفاعلية داخل المدرسة، ويشمل النشاط مجالات متعددة تشبع حاجات الطلاب الجسمية والنفسية والاجتماعية.

(حسن شحاتة 1992 :20)

وعرفته أماني غيور السيد/ في دراسة وصفية، رسالة ماجستير غير منشورة ، كلية التربية، جامعة المنصورة بأنه نشاط إيجابي يؤديه المعلم أو المتعلم أو هما معاً بما يتضمنه ذلك النشاط من جهد عقلي وبدني مبذول، بحيث تشيع ممارسته وحاجاته الجسمية والنفسية والاجتماعية والمعرفية للمتعلم وتتحقق فيه الأهداف التربوية والنمو الشامل.

(غيور 1997:60)

وعرفه عزت عبد المجيد عبد الحميد في رسالته دور النشاط المدرسي في التربية السياسية لطلاب المرحلة الثانوية ودراسة ميدانية ، رسالة ماجستير غير منشورة ، كلية البنات جامعة عين شمس، بأن جماعة النشاط هم مجموعة من الطلاب لهم ميل واحد أو أهداف مشتركة يكونوا جميعاً مشتركين في لون من ألوان النشاط الذي يؤدي إلى أشباع ميولهم ويحقق أهدافهم ضمن خططاً وطرقاً معينة.

(عزت1999: 11)

وجاء في تعريف منتديات سحاب نحو بيئة مدرسية آمنة بأن النشاط التربوي هي تلك البرامج والأنشطة التي تهتم بالمتعلم وتعني بما يبذله من جهد عقلي أو بدني في ممارسة أنواع النشاط الذي يتناسب مع قدراته وميوله واهتماماته داخل المدرسة وخارجها بحيث يساعد على اثراء الخبرة وإكساب مهارات متعددة بما يخدم مطالب النمو البدني والذهني بما يتناسب التلاميذ ومتطلبات تقدم المجتمع وتطوره.

وعلى هذا الأساس ومن خلال التعريفات المتعددة للنشاط التربوي عند أهل اللغة وعلماء التربية نجد أن الأنشطة التربوية تسعى بكل مجالاتها التربوية إلى أشباع ميول الطلاب وتنمي قدراتهم الجسمية والعقلية والإنفعالية وتقضي أوقات الفراغ عندهم وتجعلهم ينخرطون في أنشطة جماعية تحت أشراف تربوي سليم تعودهم على تحمل المسؤولية والتعاون الهادف نحو إنجاز أمثل يشعرون من خلاله بأنهم أعضاء متميزين قدموا لأنفسهم بيئة مدرسية أمنة نحو العالم النافع والمفيد.

ثانياً:

أهمية ألأنشطة التربوية !!

بعد أن انتهينا من تعريف النشاط عند أهل اللغة وعلماء التربية إلى أهميته الأنشطة التربوية في إيجاد بيئة مدرسية آمنة حيث تلعب الأنشطة التربوية دوراً بارزاً في العملية التعليمية، لأنها تتحرر من قيود المناهج الدراسية وتطلق العنان لإستعدادات الطلاب وميولهم وقدراتهم تحت إشراف تربوي سليم وتتمثل أهمية الأنشطة التربوية فيما يلي :-

تساهم الأنشطة التربوية بتعبير الطلاب عن ميولهم ورغباتهم وتنمي مواهبهم،وتشبع حاجاتهم وتبعدهم عن العنف وجنوحهم إلى التمرد والخروج عن الأنظمة والقوانين التربوية .

عن طريق الأنشطة يستطيع الطلاب أن يتعلموا أشياء بعيدة عما يتعلمونه داخل الغرفة الصفية من مهارات وخبرات علمية وعملية .

تسهم الأنشطة التربوية في التنشئة الأجتماعية السليمة وتدرب الطلاب على إستخدام الحوار الذي يؤدي إلى فهم مشكلات المجتمع والتعامل معها بديمقراطية .

⚬ من خلال الأنشطة يستطيع الطلاب بكافة مستوياتهم تحصيل المعرفة .

تساعد الأنشطة من أكتساب الطلاب كثيراً من الصفات الحميدة مثل الانظباط البعد عن العنف ،والتفكير السليم والمنظم ، والقدرة على مواجهة الأزمات وتحمل المسؤولية .

تؤدي النشاطات إلى الترويح عن النفس سواء عند الطلاب أو المعلمين.

النشاطات التربوية تدرب الطلاب على طرق وأساليب الخدمة العامة للمدرسة وللمجتمع

(سليمان وصحاري 29-39)

تساعد الأنشطة التربوية على التكيف الأجتماعي والأستقرار النفسي بعيداً عن العنف والانفعال .

دور الأنشطة في تنمية الوعي نحو بيئة مدرسية آمنة !!

من الملاحظ أن الأنشطة التربوية إلتى يمارسها الطلاب داخل المدرسة تبرز دوراً أساسياً في إيجاد بيئة مدرسية آمنة ينعم بنتائجها الطالب، والمدرسة، والمجتمع بأسره .

ومن أهم هذه النشاطات إلتى تساعد في إيجاد بيئة مدرسية أمنة :-

اولاً: النشاط الثقافي :

أن هذا النشاط من الأنشطة الهامة الهادفة إلتى تمارس في المدارس الأردنية ،وأن ممارسة هذا النوع من النشاط يمني لدى الطلاب ثقافة مميزة تبعدهم عن العنف .

وقد أخذ هذا النشاط من الثقافة :

والثقافة:- مصدرها من ثقف بمعني أصبح حاذقاً فطناً

وثقف الشيئ : أى أقام المعوج منه وسواه

وللانسان : أدبه وهذبه وعلمه .

والثقافة أيضاً : تعني العلوم والمعارف والفنون إلتى يطلب الحذق بها .

والثقافة عند اهل التربية : الجانب الفكري من التقدم البشري،في حين تعني الحضارة الجانب المادي من التقدم البشري كما يرى بعضهم أن الثقافة في المدينة وعلماء النفس يرون أن الثقافة نوع من السلوك الشخصي النابع من التفكير المتوارث .

وعرفها تايلور/ بإن الثقافة هى ذلك المركب الذي يشمل: المعرفة والمعتقدات والفنون والأخلاق والقانون والعرف والعادات وسائر الممكنات إلتى يحصل عليها الفرد بإعتباره عضواً في المجتمع .

مجالات الأنشطة التربوية !!

والنشاط الثقافي :- يعني النشاط الذي يكتسب الطلاب من خلاله معارف ومعلومات داخل الصف وخارجة . ويتمثل هذا النشاط في ممارسة أنواع من الأنشطة في داخل المدرسة تعود على الطلاب بالنفع والفائدة بحيث يوفر له بيئة مدرسية أمنه وسلوك إنساني قويم أبرزهذه الأنشطة الخطابة، والشعر، والقصة ، والمناظرة، والمكتبة والأذاعة، المدرسية، والمحاضرات، والندوات، والمسابقات الأدبية

والثقافية، والصحافة، والخط العربي ،   ومن خلال هذه الأنشطة في ممارستها وتفعيلها تحقق البيئة الآمنه وتساعدنا في جلب المعرفة والأتصال بالمجتمع المحيط بالمدرسة

بدعوة أصحاب الأختصاص في النواحي المختلفة لإلقاء المحاضرات والمشاركة في الندوات ويمكن إستغلال هذا النشاط بتنمية الوعي الأمني نحو بيئة مدرسية أمنة بعيدة عن العنف ،وذلك بالقاء المحاضرات من قبل رجال الشرطة والخبراء ،ويمكن أن يكونوا أولياء أمور أو رجال الدفاع المدني ،أو الأطباء أو الصحافة لتوجيه الرأي العام في المدرسة إلى ضرورة إيجاد بيئة مدرسية أمنة تساعد على التعلم والتعليم ، وذلك عن طريق كتابة المقالات ،وتوزيع النشرات بين الطلاب .

النشاط العلمي :-

هو النشاط الذي يهتم بتوعية الطلاب بالتعامل الأمن مع الأدوات في المختبرات وكيفية تامين أنفسهم من الأخطار إلتى تهددهم .

ويتمثل هذا النشاط في اللجنة العلمية في المدرسة والبيئة والأبحاث وعلم الرياضيات .

ويمكن ان يشمل نادي حماية البيئة في توعية الطلاب بالأحطار إلتى تهدد البيئة الآمنة وأثرها الضار في صحة الفرد والمجتمع .وكيفية التعامل الرشيد والآمن مع مواد البيئة ،كما يمكن تضمين مواضيع البيئة المدرسية الآمنة في مثل هذا النشاط بتكليف الطلاب بكتابة مواضيع الإنشاء في اللغة العربية حول حماية النفس وتأمينها ضد الأخطار،أما طلاب العلوم فيمكن توعيتهم بالتعامل مع الأدوات المخبرية بطرق صحيحة وسليمة بعد سماع وقراءة للارشادات من قبل المعلم.

النشاط الأجتماعي :- ويعني: النشاط الذي يمكن الطلاب من التعرف على واجباتهم الأجتماعية في المجتمع وينمي لديهم إمكانات التعامل المنشود في ظل علاقات إنسانية سليمة لصقلها وتنميتها في شخصيتهم ، ويهدف هذا النشاط إلى تكوين الشخصية المتكاملة الإيجابية ومعالجة مظاهر الأنطواء والإنحراف بالإضافة إلى تنمية العلاقات الإنسانية وتشجيع الطلاب على التعاون مع الغير في فعل الخير ،ويغرس في النفس تحمل المسؤولية لدى الطلاب .

أما من حيث المجالات فإن هذا النشاط يقوم على مجالات عدة منها:

الجمعيات التعاونية والمتمثلة في المقاصف المدرسية،والرحلات المدرسية، وحفلات التعارف في المناسبات حين تطبيق المسابقات الثقافية في مدارس المديرية الواحدة أو على مستوى الأقليم أو المملكة

النشاط الديني :-

وهو النشاط الذي يهتم بتعميق العقيدة الإسلامية الصحيحة في نفوس الناشئة من الأبناء الذكور والأناث في مراكز التعليم والمدارس .

وهذا النشاط يسهم في تنمية الوعي حول بيئة مدرسية آمنة بين الطلاب وذلك بإعتبار الإسلام من أسمى غاياته أن يشيع بين أفرادة الأمن الذي يكفل للعقيدة والنفس والعقل والعرض والمال الوعي الآمني بإن يكون المسلم واعياً بجميع الأخطار المحدقة به : ليضمن الأمن والأمان في دينه ودنياه ودعوةعلماء الدين لإلقاء المحاضرات وعقد الندوات حول البيئة المدرسية آمنة .

وتوضح الآيات القرانية الكريمة وتفسيرها والأحاديث النبوية الشريفة إلتى حثت على ضرورة الأمن والأمان على كافة أنواعها وأشكالها ،وتعزيز مفهوم المواطنة الصالحة في نفوس الطلاب وأعتبار أن الوطن أغلي ما نملك كمثل الإنسان بإنه أغلى ما نملك كما قال صاحب الجلالة المغفور له الملك الحسين بن طلال طيب الـله ثراه وأكرم مثواه .

أن هذا النشاط ينمي في الطالب الوازع الديني بالابتعاد عما يضر المسلم لحديث رسول الـله علية السلام: (لا ضرر ولا ضرار) وهذا الحديث يعتبر قاعدة شرعية أيضاً

**بإن المسلم لا يجوز له بإى حاله من الأحوال بإن يتعدى على غيرة من المسلمين أو الذميين لأن الذي يدخل بلاد المسلمين له الأمن والأمان على نفسه وماله وعرضه وممتلكاته، فهو آمن في بلاد المسلمين وعليه ما على المسلمين من الحقوق والواجبات .**

النشاط الرياضي :-

**وهو نشاط تربوي يعمل على تربية النشئ تربية متزنة ومتكاملة من النواحي الوجدانية ،والأجتماعية، والبدنية،والعقلية، عن طريق برامج ومجلات رياضية متعددة تحت إشراف قيادة متخصصة تعمل على تحقيق أهداف النشاط الرياضي بما يساهم في تحقيق الأهداف العامة للتربية البدنية في مراحل التعليم العام ،وينطلق من الأسس العامة للسياسة التعليمية في المملكة الأردنية الهاشمية إلتى منها القوة في أسمى صورها وأشمل معانيها قوة العقيدة،قوة الخلق،قوة الجسم ((العقل السليم في الجسم السليم )) وقولة علية السلام علموا أولادكم(السباحة والرماية وركوب الخيل) وقولة علية السلام (ألا أن القوة الرمي ) ،وهذا النوع من النشاط يمارس في كافة مدارس المملكة الأردنية الهاشمية ويتمثل في الألعاب والمسابقات الرياضية والتدريبات الرياضية المختلفة ، واللقاءات الرياضية ويهدف هذا النشاط إلى التمتع بالنشاط البدني ، والأستثمار الأفضل لأوقات الفراغ وتنمية الكفاءات الرياضية والذهنية والعقلية،وتكوين المهارات البدنية ، وممارسة الألعاب الرياضية المختلفة والمسابقات إلتى تمارس فيها العديد من الرياضيات .**

ويمكن إستغلال هذا النشاط في إيجاد بيئة مدرسية آمنة عن طريق الوقاية من إصابات الملاعب ،وكيفية تجنب التعرض لإصابات بالغة إلى أكتساب مهارات التعرف السليم في أجراء الإسعافات الأولية لمن تعرض للأصابة أثناء ممارسة الرياضة.

ولأهميةهذا النشاط في وزارة التربية والتعليم في المملكة الأردنية الهاشمية تكرم هذه الوزارة في كل عام الطلبة المتميزين والمبدعين بكافة أنحاء المملكة لمن يتقن مهارة رياضية أو اكثر من مهارة بتقديم الكؤوس والميداليات على كافة أنواعها الذهبية منها والفضية والبرونزية والدروع، واحتساب قبولهم في الجامعات على أساس التفوق الرياضي وتكريم بعضهم بإرسالهم في بعثات دراسية في أى تخصص أو مجال من مجالات النشاط الرياضي الذي يرغب الإلتحاق به.

النشاط الفني :-

هو نشاط فكري وعقلي يعتمد على الإدراكات في تنمية وتهذيب الإنسانية في الدرجة الأولى حتى يصبح لنا مقدرة ذهنية في ممارسته وأداءه .

وعليه يمكن القول بأنه نشاط فكري فني فإن الفكر هو جوهر العمل الفني ويمكن تحقيقها عن طريق ذاتي مباشر كما يفعل الفنانون أو عن طريق الرسامين كما يفعل المهندسون أو عن طريق الكمبيوتر كما يفعل الكثير من الناس في الوقت الحاضر.

وفي هذا النشاط يتمثل في الرسم، والموسيقي، والتمثيل والأناشيد، والزخرفة، والنحت، والتصوير، والأشغال اليدوية ،والمعارض المدرسية، ويهدف هذا النشاط إلى إستغلال مواهب الطلاب وقدراتهم الكافية في التعبير عن ميولهم ورغباتهم وتوجيهها

**الوجهة السليمة لتربية الذوق السليم واستغلال كل ذلك في سبيل المدرسة ومحيطها بحيث تصبح بيئة مدرسية آمنة يوجد بها مناخ تربوي سليم يساعد على التعلم والتعليم .ويمكن إستغلال هذه الأنشطة في التوعية الصحيحة نحو بيئة مدرسية أمنة .**

الكشافة والمرشدات!!

**يهدف هذا النشاط إلى إيجاد بيئة مدرسية أمنة وذلك من خلال تنمية الشباب لتحقيق أقصي قدراتهم البدنية والعقلية ،والأجتماعية ،والروحية،كمواطنين مسؤولين وأعضاء فاعلين في مجتمعاتهم المحلية والقومية والعالمية ،بحيث تقوم هذه الحركة الكشفية والمرشدات على مبادئ منها :-**

**إن الواجب نحو الـله والآخرين ونحو الذات ثم الألتزام بوعد وقانون الكشافة والمرشدات الذي ينص على ان الكشاف صادق نافع وصديق ومهذب ويحافظ على الطبيعة ويتقن عمله ويحب النظام وشجاع ومقتصد وطاهر الفكر والعمل .**

**وتتحقق أهداف الكشافة والمرشدات من خلال نشاطات كثيرة أهمها حياة الخلاء والتجمعات وخدمة المجتمع والبيئة واللقاءات العربية والدولية والأحتفالات الوطنية والقومية والدولية . وللكشافة والمرشدات مميزات في إيجاد بيئة مدرسية أمنة خاصة عندما يقومون بتنظيم الدقيق لمراحل العمل الكشفي المختلفة وإلتى تسهم في تنمية شخصية الفرد بشكل متوازن خلال سنين عمره،ولا شك أن الحركة تعتمد على التطوع المنتج وتمارس من خلاله المناهج التي تساعد في تحقيق الأهداف التربوية المطلوبة والمنشودة.**

نشاط الأندية الصيفية !!

يهدف هذا النشاطٍ إلى إيجاد بيئة مدرسية آمنة من خلال مساهمة الطلبة في اعمار المدارس وصيانتها ومشاريع البيئة المحلية مما يؤدي إلى تنمية الميل الإيجابي للعمل اليدوي واحترامه وتقوية وتعزيز الإنتماء للمدرسة والمجتمع والوطن .

كما تسهم الأندية الصيفية في إيجاد بيئة مدرسية أمنة من خلال أبراز طاقات الشباب في الكشف عن ميولهم  واستعداداتهم وقدراتهم في تنمية البيئة المدرسية الآمنة،وذلك من خلال المشاركة في معسكرات الحسين للبناء والعمل والمساهمة الفعلية والعملية في أعمال الصيانة المختلفة ،وبناء الأسوار والساحات المدرسية وكذلك المشاركة في مشاريع العمل التطوعي إلتى تمتد على مدار السنة .

أن مشاركة الطلاب في الأندية الصيفية يحقق شعار البيئة المدرسية الآمنة في كافة المجالات والأنشطة إلتى تنفذها المدرسة .

**النشاط المروري :-**

أن التوجه إلى هذا النشاط في المدارس يسمح بالحفاظ على حياة الطلبة بتوعبتهم إلى إداب السير وقوانينة وليجنبهم المهالك ويدلهم على طريق السلامة .وقد عهد بهذا النشاط إلى معلمين ومعلمات والطلاب لأن حوادث السير قد حملت معها كثير من الويلات والمخاطر فهى في كل عام تؤدي بحياة عدد كبير من أبناء هذا الوطن، بسبب حوادث السير إلتى تقع في كل ساعة ،فتقتل الألفاً وتشوه الآلفاً وتترك للمجتمع بكافة أشكاله وفئاته المقعدين والمشلولين والمشوهين والمصابين ومن بينهم الطلبة في المدارس.

أما لماذا خصت المدارس بهذا النشاط ؟؟

تعتبر المدارس المؤسسة التربوية الثالثة في الحفاظ على حياة الأطفال ومن هم في سن الدراسة وقد حظت بهذه التوعية للاسباب التالية :-

تشير الإحصاءات وتفيد بإن نسبة عالية من ضحايا حوادث السير والطرق هم في سن الدراسة

أن النسبة العالية من أبناء المجتمع الأردني هم على مقاعد الدراسة وتثقيفهم وتوعيتهم يعني توعية شريحة كبيرة من المجتمع على التوعية المرورية .

لأن دور المعلم يأخذ البعد التعليمي والبعد التربوي ،وهذا ما تحتاجه التوعية المرورية، فهي لا تعتمد على نقل المعلومات فحسب وإنما نريدها نمط سلوكيا وطبعاً مألوفاً وهذا لا يتم إلا في رحاب المدرسة وعلى يد المعلم ،ونرى أنفسنا سعداء ونحن

نجد في مدارسنا كتب متخصصة في التوعية المرورية أسوة بغيرنا من الدول إلتى عملت بهذا الأتجاه منذ سنوات فوفرت على نفسها المال والوقت، وخففت من الويلات وحفظت الإنسان الذي يعتبر أكبر ثروة في أى دولة والواجب على المدرسة حتى توفر بيئة آمنة مروريا لطلابها عليها :-

- أن تعرف طلابها على قواعد المرور والسلامة العامة على الطرقات وعلى الطالب الألتزام بها
- أن يستشعر الطلاب أهمية القواعد المرورية وأدابها ويتجنب حوادث السير والمشكلات الناجمة عنها .
- أن تدرك كيف يتعامل مع السيارة كحالة في جميع الظروف والأحوال .
- أن يحترم الآخرين ويقدر ظروفهم سواء أكانوا سائقين أم مشاه وبخاصة العجزة منهم والمعاقين
- أن يدرك أن المحافظة على السيارة وصيانتها جزء من المحافظة على الثروة الأقتصادية في هذا البلد .

بناء على ما تم ذكرة فقد هرعت المدرسة إلى تشكيل لجان مرورية في المدارس الحكومية والخاصة في المملكة الأردنية الهاشمية وتفاعلت المدارس في الأردن مع دول العالم بالأهتمام في يوم المرور العالمي ، فقد قام المعلم صاحب النشاط المروري أو معلم التربية الرياضية بتوعية الطلاب في المرور وقوانينه ،ورغبة منه ومن المدرسة بتشكيل الفرقة المرورية في المدرسة تقوم بتنظيم المرور في مداخل المدرسة وفتح باب التسجيل

للمتطوعين بهذا العمل حيث يعد المعلم والمدرسة برنامجا لتدريب الفرق لإيجاد بيئة مدرسية آمنة للطلاب بحيث يبدأ المعلم :

بتدريب المتطوعين وبشرح واف للمهمة إلتى سيقومون بها للمحافظة على أنفسهم وللمحافظة على النظام .

يخطط في ساحة المدرسة طريقا وأرصفة ويضع أربعة طلاب على جانبي الطريق، اثنين من كل جانب، ويفترض أنهم يقفون على الرصيف وبينهما مسافة مترين فأكثر ويحملون إشارة قف

يحضر المعلم عددا من الطلاب يمثلون السيارات ويسير على الطريق في الأتجاهين المتقابلين وتأتي مجموعة أخرى من الطلاب تمثل المشاة .

تقف مجموعة المشاة على الرصيف وتسير مجموعة السيارات على الطريق .

يرفع الطلاب الأربعة إشارة (قف) فتقف السيارات ويعبر المشاة من بين الطلاب الأربعة وعندها ينزل المرشدون عبارة (قف) فتسير السيارات ويتكرر التدريب .

يأخذ المعلم الفريق إلى الطريق المجاور للمدرسة،ويعاد التدريب عملياً تحت إشراف المعلم نفسه أو رقيب سير يستدعي لهذا الغرض .

بعد الإتقان يعهد المعلم للفرقة أن تقوم بعملها ،وتؤدي واجبها يوميا في الطريق المؤدي للمدرسة .

واجبات الفريق المرورية !!

يمكن تحديد واجبات الفرق المرورية بما يلي :-

- التنسيق بين حركة السيارات وعبور الطلاب دون إعاقة لحركة السير .
- احترام السائقين والمارة والتصرف معهم بكل أدب .
- إلتزام الجدية بالعمل .
- المحافظة على نظافة الشارع المجاور والمؤدي للمدرسة .

وعلى هذا الأساس فقد عمدت مجموعة من المدارس في المملكة الأردنية إلى الدخول ضمن صندوق التجديدات التربوية الذي سمح للمدارس بتقديم مشاريع تربوية منه المرورية بدعم من هذا الصندوق الذي أصبح له الأثر الكبير في توعية الطلاب وتثقيفهم مروريا لتصبح مدرستهم بيئة أمنةمن حوادث السير المرورية .

وفي مساء يوم الخميس الموافق 2010/6/3 أوعز دولة رئيس الوزراء "سمير الرفاعي" إلى الحكومة والمسؤولين إلى أن هناك جائزة هذا العام سوف تمنح إلى المرور،وذلك ليكون مروراً متميزاً تطبق فية أنظمة المرور وقوانينة لتقليل من حوادث المرور ،الذي ينتج عنها خسارة بشرية واقتصادية تؤدي إلى تدمير ممتلكات الوطن العزيز ..

النشاط الصحي / يعتبر النشاط الصحي من أهم الأنشطة التربوية التي تمارس داخل المدارس الأردنية الحكومية والخاصة لأنها تعني بسلامة الطلاب جسمياً وعقلياً وانفعالياً والعمل في هذا النشاط يكون ضمن لجنة تسمى اللجنة الصحية والتي تركز

في عملها على التثقيف والوعي الصحي من أجل إكساب الطلاب أنماطاً من السلوكات والممارسات الصحية السليمة وتحويلها الى عادات بلا شعور نتيجة تكرارها عن طريق البرامج الوسائل والاساليب المتاحة. كما أنها تتكامل مع الأنشطة المدرسية الأخرى في سبيل تحقيق أهدافها.

يعد هذه المقدمة التي اشارت الى أهمية هذا النشاط لدى الطلاب المدارس لا بد من تعريفات تتعلق بهذا النشاط ومنها:

الصحة المدرسية / وهي مجموعة المفاهيم والمبادئ والأنظمة والخدمات التي تقدم لتعزيز صحة الطلاب في سن المدرسة ، وتعزيز صحة المجتمع من خلال المدارس.

وعلى هذا الأساس ولإهمية هذا النشاط الصحي لإيجاد بيئة مدرسية آمنة صحياً فقد تم أعتماد البرنامج الوطني للمدارس الصحية في الأردن وهو أحد البرامج المتبناه من قبل وزارتي الصحة والتربية والتعليم ويهدف هذا البرنامج الى توفير بيئة معززة للصحة المدرسية في المملكة الاردنية الهاشمية من خلال إشراكها في برنامج صحي تربوي يتكون من عدد من المعايير الصحية التي يتم تطبيقها في المدارس بإشراف الوزارتين المعنيين .

بحيث يسعى هذا البرنامج في رؤيتة بأن تصبح جميع مدارس المملكة الأردنية الهاشمية بيتية مدرسته آمنة صحياً توفر للطلبة فرصة التعلم في جو صحي وآمن

ينعكس أيجابياً على تحصيلهم العلمي، ونموهم البدني وألاجتماعي والنفسي. كما توفر للعاملين فيها البيئة المناسبة للإداء الأمثل.

وبناءً على ما تم ذكره فإن المدرسة عليها مسؤولية كبيرة في توفير المكان لأمن صحياً والذي يحمي الطلبة والعاملين فيها من مخاطر الإصابات بالأمراض السارية والمعدية وتعزز الوقاية والإتجاهات ضد عوامل الأخطار التي تؤدي مستقبلاً الى الامراض أو الأعاقات التي تفتك بالفرد والمجتمع.

والبيئة المدرسية الآمنة صحياً هي البيئة التي يتوفر فيها صندوق الإسعافات الأولية والذي يتكون مما يلي:

- مطهر بتراكيز مختلفة وحسب تعليمات طبيب الصحة المدرسية.
- رباط جراحي.
- شاش، قطن، مرهم للحروق.
- وملاحظة : جميع وضع الحبوب والمسكنات بكافة أنواعها في علبة الاسعافات الأولية.

السلامة العامة. وتعني توفر :

- مخرج طوارئ ومكان للإنقاذ والإخلاء في حالة حدوث طارئ.
- توفير شبك حماية خاصة بالطوابق العلية في المدارس حيث نسمع بين الحين والآخر بأن هنالك طالب سقط من الطابق العلوي في المدرسة.

- توفير درابزين حماية للمداخل والدرج وللآماكن التي تتطلب ذلك .
- صيانة الوصلات والتمديدات الكهربائية .
- توفير وسائل السلامة العامة كالطفايات الحريق وحمالات الأنقاذ .
- توفير السلامة العامة بالأثاث والالعاب.
- توفير وسائل السلامة العامة لطلبة التعليم المهني في المشاكل (الكفوف، والنظارات، والأحذية، الكمامات، وأغطية الرأس، وأتباع نظام التخزين للمواد الكيميائية والخطره واستخدام نظام الشفط بتركيب المراوح لطرد الروائح الكريهة والأبخرة).

المقصف المدرسي:

يعتبر المقصف المدرس من المرافق الأساسية والهامة في المدرسة وحتى يؤدي دوره في إيجاد بيئة مدرسية آمنة لا بد أن يتوفر فيه الشروط التالية:

- أن يكون بعيداً عن المراحيض ومصادر التلوث .
- أن يكون جيد الإنارة ولتهوية .
- أن يحتوي على الأثاث التالي:
- خزانة يمكن إغلاقها .
- ثلاجة تتناسب سعتها مع عدد الطلبة
- رفوف وطاولة ذات سطح املس سهلة التنظيف .
- مساحة المقصف لا تقل عن (16م2) .
- الأرضية مبلطة بالسيرميك على ارتفاع(105م) .

- أن تكون التهوية كافية .
- توفير مغسلة أو مجلى مربوط بالمجاري العامة للمدرسة
- وجود وعاء للنفايات محكمة الإغلاق وسهلة التنظيف .
- أرضية المقصف مستوية وسهلة التنظيف .
- جميع العاملين في المقصف حاصلين على شهادة خلو أمراض سارية المفعول .
- المواد الغذائية المحضرة مصدرها معروف وموثق لدى إدارة المدرسة .
- أن تكون المواد الغذائية إلتى توجد في المقصف المدرسي مخزونة بطريقة صحية صالحة للإستهلاك البشري وأن لا يضر بصحة الطلبة .
- وجود كاونتر(حاجز) على مداخل المقصف .

قائمة المواد الغذائية إلتى ينصح بتداولها في المقصف المدرسي :

- الساندويشات والمعجنات الطازجة والمغلفة من المطاعم المرخصة .
- الكعك الطري بالسمسم أو المزود بالتمر والكيك السادة بشرط التغليف.
- البسكويت المغلف بانواعة .
- العصائر الطبيعية .
- الفواكة الطازجة .
- التمور، الرطب الطازجة والمغلفة .
- اللبن بالحجم الصغير في حال توفر الثلاجة .

قائمة المواد الغذائية لا ينصح بتداولها في المقصف المدرسي:

- المشروبات الغازية ، الشراب الصناعي أو الشراب المحضر يدوياً .
- الشيبس بإنواعة المختلفة .
- الشوكولاته .
- العلكة والملبس والمصاص .
- المثلجات كالبوظة والأسكيمو
- المكسرات .

قائمة الأدوات والمستلزمات الرياضية في المدرسة :

- كرات سلة قدم يد ، طائرة.
- ريش طائرة ومضارب ريشة طائرة.
- مضارب تنس طاولة ( في حال توفر طاولة تنس ).
- بورد / لوح هدف كرة سلة مخطط ومدهون وصالح للاستعمال .
- شبكة طائرة وقاعدة شبكة طائرة .
- هدف كرة قدم(ثلاث أعمدة على الأقل ) .
- فرشات تدريب رياضية .
- أقماع تدريب .
- حبال وثب .
- ساعات توقيت .
- منفاخ للكرات .
- جهاز فحص المرونة .

الساحات الخارجية:

- أن تكون الساحة معبدة ومستوية وغير محفرة وأرضيتها غير مثيرة للغبار .

- أن تكون مساحتها كافية لأعداد الطلبة(يخصص مساحة لا تقل عن 2م لكل طالب ).

- تخصيص ساحات خارجية للطلبة وأخرى للمركبات(فصل ساحات الطلبة عن المركبات لضمان السلامة العامة ).

- تظليل ساحات الألعاب الخارجية وفرش أرضيتها برمل صويلح أو مادة ملائمة للسلامة العامة .

مياة الشرب:

- أن تزود المدرسة بالمياة من الشبكة العامة(السلطة) أو من مصدر آمن مراقب وموافق علية من قبل وزارة الصحة .

- حفظ وتخزين المياة ضمن خزانات موافق عليها صحياً وبعيدة عن مصادر التلوث مغلقة بإحكام بصورة مستمرة وان يكون الوصول إليها سهلاً بهدف تنظيفها والكشف عليها وان يتوفر 1م3 / 50 طالب في المدرسة .

- توفير حنفيات مياة للشرب مناسبة لأعداد الطلبة (مشرب/50 طالب) وان تكون بعيدة عن مصادر التلوث كالمرافق الصحية .

- **أن يتوفر نسبة من فائض الكلوزين في مياه الشرب(المواصفة من 0.2 - 1.0 جزء في المليون ) .**
- **في حالة وجود بئر (خزان مياة أرضي) يجب أن يكون معزولاً عن ساحة الطلبة ومحكم الإغلاق بعيداً عن مسببات التلوث(الحفر الإمتصاصية والفضلات الصلبة والسائلة ) .**

المرافق الصحية :

- **ان يكون موقعها بعيداً عن الغرف الصفية .**
- **أن لا تقل أبعاد المرحاض عن 70 سم × 100 سم .**
- **أن تكون أرضية المرحاض وجدرانه مبلطة بما لا يقل عن 1م من البورسالين بالنسبة للجدران .**
- **أن تكون جيدة الإنارة والتهوية .**
- **أن يكون له باب يمكن إغلاقة بما يوفر الخصوصية لمستخدمه .**
- **توفير مصدر مياة داخل كل مرحاض .**
- **توفير سلة نفايات داخل كل مرحاض .**
- **فصل مراحيض الذكور عن مراحيض الإناث للمؤسسات المختلطة .**
- **توفير مراحيض خاصة للعاملين مفصولة عن مراحيض الطلبة .**
- **أن تكون المغاسل قريبة من المراحيض .**
- **أن تكون المغاسل ذات إرتفاع وأحجام مناسبين .**
- **أن يتوفر لكل 50 طالب مرحاض واحد وفي حال تواجد مباول يأخذ بعين الأعتبار أن يكون عدد المباول نصف عدد المراحيض .**

الصرف الصحي :

- أن يتم صرف الفضلات السائلة الناتجة عن المرافق الصحية وتلك الناتجة عن المشارب عبر شبكة صرف صحي ملائمة إلى شبكةالصرف الصحي العامة(إذا كان الموقع مخدوماً) .

- في حالة عدم وجود شبكة صرف صحي عامة يجب صرف المياة العادمة بطريقة صحية وسليمة بيئياً (الحفرة الإمتصاصية يجب ان تكون معزولة تماماً عن ساحة المدرسة ومغلقة بشكل محكم ).

- توفير أوعية صحية وذات أحجام كافية في مواقع مختلفة من المدرسة .

- نقل النفايات بواسطة السيارات المخصصة لهذه الغاية والتخلص منها في أقرب مكب نفايات معتمد.

الموقع:

- أن يكون الموقع ضمن منطقة منظمة تنظيماً سكنياً (بهدف توفير الخدمات الرئيسية من مياة ،كهرباء ،هاتف ،طرق مواصلات معتمدة).

- أن يكون الموقع بعيداً عن طرق الموصلات الرئيسية تجنباً للضجيج وحوادث الدهس .

- أن يكون الموقع بعيداً عن المكاره الصحية ومصادر تلوث الماء والهواء(مكبات النفايات ،المنشأت الصناعية إلتى ينتج عنها الأبخرة والغبار،محطات التنقية وخطوط الكهرباء الضغط العالي ) .

- أن يكون الموقع بعيداً عن مستودعات المواد القابلة للإشتعال (محطات الوقودِ الوقود ومستودعات الغاز ..) .
- أن يكون الموقع مستوياً قدر الأمكان( أن لا يكون في مكان منخفض تلاشياً للفيضانات أو مكان منحدر تلاشياً للإنهيارات ).
- أن يتسع الموقع اللمباني والنشاطات المختلفة والملاعب ومواقف للسيارات .
- يفضل زرع النباتات على أطراف الموقع .

المبنى :

- أن يكون البناء مصمماً من المواد الإنشائية الدائمة (الحجر أو الإسمنت ولا يجوز استعمال مواد ضارة بالصحة العامة أو قابلة للإشتعال مثل الإسبست او البلاستيك أو الزينكو ).
- أن لا يزيد ارتفاع المبني عن ثلاثة طوابق بحيث توضع الصفوف إلتى تحوى طلبة من ذوي الإحتياجات الخاصة في الطابق الأرضي .
- أن يكون المبني خالياً من التصدعات والتشققات إلتى تشكل خطورة على الطلبة .

متطلبات المداخل:

- يجب ان يتوفر لكل مبني مدرسي مخرجان في حال زيادة عدد شاغليها عن 50 شخص أو زيادة مساحتها عن 100م2 توفر مخرج خاص لذوي الإحتياجات الخاصة في حال وجودهم .
- أن تترك الممرات والمخارج فارغة وأن لا تستخدم لأغراض التخزين .
- أن تفتح أبواب المخارج إلى الخارج لسهولة استخدامها .
- أن لا تقل عرض الممرات بين الغرف الصفية عن 60 2 متر.

الغرف الصفية:

- أن لا تقل مساحة الغرفة الصفية عن 16م2 .
- أن لا يقل ارتفاع السقف عن( 6ر2 م ) .
- أن تكون الجدران ملساء خالية من الشقوق والثقوب وأن تكون ذات طلاء فاتح.
- أن تكون الأرضيات ملساء مانعة للإنزلاق أو مبلطة خالية من الشقوق والحفر وسهلة التنظيف .
- توفير تهوية وإنارة طبيعية على أن لا تقل مساحة الشبابيك عن 15% من مساحة أرضية الغرف .
- توفير التدفئة الآمنة والصحية في الغرف.

- توفير ستائر واقية من أشعة الشمس .
- أن تكون السبورة المعدة للكتابة مثبته على الحائط وغير قابلة للسقوط ومدهونة باللون الأخضرأو الأسود أو الأبيض غير اللامع بحيث يسهل الكتابة عليها بوضوح وأن يكون لها رف سفلي بهدف تجميع مساحيق الطباشير وإرتفاعها مناسب لأطوال الطلبة .
- أن تكون المقاعد والطاولات ملائمة لأحجام وأعداد الطلبة .
- أن لا تقل المسافة بين السبورة والمعقد الأول عن(2م) وان لا تزيد المسافة عن آخر مقعد عن (6م) لوضوح الرؤية .
- أن يتوفر مساحة لكل طالب من 8ر0 -0ر1 م .

الأسوار:

- أن يكون البناء محاطاً بسور آمن من جميع الجهات بحيث لا يقل ارتفاعه عن 2م لمنع خروج الطلبة .
- ان يكون هناك مسافة فاصلة بين بوابة المدرسة والشارع أقلها(3م).
- أن يكون هناك مداخل خاصة للطلبة ومداخل أخري خاصة للمركبات .
- وجود بوابة مناسبة وآمنة .
- أن يبني السور من مادة اسمنتية أو حجر ولا يجوز استخام الأسلاك الشائكة.

ومن خلال ما مر ذكره عن دور الأنشطة التربوية في إيجاد بيئة مدرسية آمنة وحتى تستطيع هذه الأنشطة أن تحقق الأهداف المرجوه،وحتى يمكن استغلالها الأستغلال الأمثل في تنمية الوعي في البيئة المدرسية الآمنة ،وحتى ينتشر الوعي الأمني في المدرسة ومرافقها والبعد عن العنف بكافة أشكالة بين طلاب المدارس ولصبح بيئته المدرسية مناسبة للتعليم والتعلم .

الحوار

بعد أن انتهينا من موضوع العنف في المدارس والجامعات ودور الانشطة التربوية في أيجاد بيئة مدرسية أمنة حيث توصلنا الى النقاط التي يمكن من خلالها الحد من العنف وجدت هنالك نقطتان أكثر فاعلية إن استخدمت تكون علاجاً للعنف الذي حث الإسلام عليه والمجتمع المعاصر ألا وهي الحوار والرفق وقبل الخوض في هذا الموضوع بالتفصيل لا بد من :-

أولاً : تعريف الحوارلغة واصطلاحاً .

الحوار في اللغة: من (حوْرَ )

جاء في معجم المقاييس لا أبي الحسين أحمد بن فارس بأن أصل كلمة ( الحوار) هو : ( الحاء- الواو - الراء) ثلاثة أصول: آحدها لون، والآخر الرجوع، والثالث أن يدور الشيء دوراً وتعود أصل الحور إلى (الحْور) وهو الرجوع عن الشيء وإلى الشيء، فيقال (حار بعدما كار) ،والحْور النقصان بعد الزيادة لإنه رجوع عن حال إلى حال،وفي الحديث الشريف: (نعوذ بالله من الحور بعد الكور ) .

ورد في لسان العرب لابن منظور معناه(النقصان بعد الزيادة)،والتحاور : التجاوب ،تقول،كلمته فما حار إلى جواباً ،أي: ما ورد جواباً ) .

وجاء في سورة الانشقاق آيه رقم (14) قولة تعالي (أنه ظن أن لن يحور) أي لن يرجع

وجاء في فتح القدير الجامع بين فني الرواية والدراية من علم التفسير للشوكاني هم يحاورون : يتراجعون الكلام، والمحاورة: مراجعة المنطق والكلام في المخاطبة

وفي أساس البلاغة لزمخشري قوله: ( حاورته : راجعته الكلام، وهو حسن الحوار، وكلمته فما رد على محورة)

وفي قاموس المحيط للفيروز آبادي: (تحاوروا : تراجعوا الكلام بينهم)

وقد ورد في المعجم الوسيط بنفس المعني.

أما في تاج العروس للزبيدي فيقصد بالمحاورة (المجاوبة ومراجعة النطق والكلام في المخاطبة)

وورد عند الزمزمي ، في كتابه الحوار، أدابه وضوابطه في ضوء الكتاب والسنة بأنه المجاوبة والمراجعة

ورد في الندوة العالمية للشباب الاسلامي ، في أصول الحوار(الرياض) بأنه : نوع من الحديث بين شخصين أو فريقين، يتم فيه تداول الكلام بينهما بطريقة متكافئة فلا يستأثر به احدهما دون أخر ويغلب علية الهدوء ةالبعد عن الخصومة والتعصب.

وقد عرفه عبد الرحمن النحلاوي ، في كتابه، أصول التربية الاسلامية واساليبها بأنه : تناول الحديث بين طرفان أو أكثر عن طريق السؤال والجواب بشرط وحدة الموضوع والهدف فيتبادلان النقاش حول أمر معين، وقد يصلان إلى نتيجة وقد لا تضع احدهما الأخر ولكن السامع يأخد العبرة ويكون لنفسه موقفاً

وجاء في كتاب :بسام عجك ،الحوار الإسلامي المسيحي بأنه:مجادثة بين شخصين أو فريقين،حول موضوع محدد،ولكل منهما وجهة نظرخاصة به، هدفها الوصول إلى الحقيقة،أو إلى قدر ممكن من تطابق وجهات النظر،بعيداً عن الخصومه أو التعصب، بطريق يعتمد على العلم والعقل مع استعداد كلا الطرفين لقبول الحقيقة ولو ظهرت على يد الطرف الأخر

لطريقة لدى الدكتور أحمد شحروري في مجلة المجتمع الكويت بأن الحوار يعني أدب تجاذب الحديث بشكل عام وهذا التعريف موسع في هذه المجلة . أما التعريف الأجرائي الوارد في المجلة أيضاً فهو تبادل الأراء بين طرفين باسلوب علمي وصولاً الى الحقيقة .

وبعد مناقشة هذه التعريفات لمعني الحوار وجدتها جميعاً تدور حول معنى واحد وهو تجاذب الحديث أو الرجوع في الكلام بين الطرفين المتخاصمين والمتنازعين ،وقد يصل الحوار إلى طريق مسدود لعدم تحقيق الهدف الذي من اجله تم الحوار وعلى هذا الأساس قد يلجأ بعض المتحاورين إلى ادخال عنصر ثالث يكون الحوار تحت اشرافة لتعريف وجهات النظر بين المتحاورين وهذا ما اسقطته التعريفات . جميعاً وبدخول الوسيط تحقق النتائج والهداف ويعم الوئام مكان الخصام والنزاع وعلى كافة المستويات سواء على مستوي الافراد أو الجماعات أو الدول ، أما على مستوي الأفراد فيكون حل النزاع بطريقة الحوار بين طلبة المدارس والجامعات للعنف الصادر منها أما على مستوي الجماعات فهذا ما يحدث ايضاً بين جماعة من طلاب المدارس والجامعات فتحل النزاع بطريقة الحوار والوسيط الذي تحدثنا عنه سابقا.

أما عن مستوى الدولنزاع دولتين لأي سبب من الأسباب تتنازع حول الحدود أو النزاع حول الأستقلال وأنها الأحتلال كما يحدث في النزاع الفلسطيني الاسرائيلي مما أستدعي إلى تدخل الوساطة الامريكية والاروبية أحيانا بالتشاور مع الدول العربية لاعادة الحوار من أجل تحقيق الاهداف وتقريب وجهات النظر بينهما في رسم الحدود وأنها الاحتلال وقد اسقطت تعريفات الحوار الآدلة والبراهين والحجج التى تعتبر ورقة رابحة في يد أحد المتحاورين لاقناع الطرف الأخر بالحقيقة للحصول على نتائج إيجابية أمّا التعليق على التعريفات الواردة في معنى الحوار تتلخص بما يلي :

1- الأصل : بالاضافة لذلك فالأصل في التعريفات أن تكون مختصرة وموجزة ومعبرة إلا أن بعضها جاء طويلاً مما يشتت ذهن القارئ في الوصول إلى التعريف الصحيح .

2- عدم تكرارها بالمعنى اللغوي .

أما الحوار اصطلاحاً: فقد عرفه الأستاذ الدكتور تيسير النعيمي في مقاله دور المؤسسات التربوية في غرس وتعزيز قيمة الحوارمع الأخر بأنه: اسلوب يجرى بين طرفين يسوق كل منهما فن الحديث ما يراه ويقتنع به ويراجع الطرف الأخر في منطقة وفكرة قاصداً بيان الحقائق وتعزيزها من وجهة نظره.

( الشباب والحوار مع الآخر 2009-262)

ومن خلال تعريفات الحوار عند أهل التربية. يتضح لي أن الحوار وإن كان بتناوب الحديث بين طرفين قد يكون في الآمور السلمية وقد يستخدم أيضاً في حل النزاعات للوصول الى الحق والحقيقة . مما يساعد الطرفين في منهم كل منهما للآخر.

ثانياً: أهمية الحوار

يعتبر الحوار وسيلة من وسائل التفاهم بين أبناء البشر واسلوب من اساليب العلم والمعرفة، ومنهج من مناهج الوعي الثقافي والحوار لغة الشعوب في تواصلها وتألفها مع بعضها البعض وأعتبر المفكرون والمربون أسلوباً ومنهجاً في تعليمهم.

وبالحوار تصقل الشخصية والمواهب، وتتسع الصدور للنقاش مما يوسع دائرة التفاهم ويعطي الفرد الشفافية والنزاهة ويزيل الحواجز ويولد الافكار وتقي النفس الانسانية عند الوقوع في الانفعالات والغضب المؤدية للعنف لقد أهتم القران الكريم بالحوار في محكم أياته فقد جاء في سورة المجادلة قوله تعالى ( قد سمع الـلـه قول التي تجادلك في زوجها وتشتكي الى الـلـه والـلـه يسمع تحاور كما إن الـلـه سميع بصير ) (1) .

(المجادلة - أية "1")

والحوار طريق الأنبياء والرسل في دعوتهم الى أقوامهم وهذا ما جاء في سورة ابراهيم عليه السلام بدعوة قومه الى عبادة الـلـه والتحذير من النار قال تعالى ( وأنذر

الناس يوم يأتيهم العذاب فيقول الذين ظلموا ربنا أخرنا الى أجل قريب نجب دعوتك ونتبع الرسل أو لم تكونوا أقسمتم من قبل مالكم من زوال) .

(ابراهيم أية "43")

وقد حاور سيدنا محمد عليه السلام أصحابه بسؤاله عن أفضل الناس وهذا ما أورده أبي سعيد الخدري، رضي الـلـه عنه قال: أتى رجل الر رسول الـلـه صلى الـلـه عليه وسلم فقال: أي الناس أفضل ؟ قال "" مؤمن يجاهد بنفسه وماله في سبيل الـلـه" قال: ثم من ؟ قال : " مؤمن في شعب من الشّعاب يعبد الـلـه ، ويدع الناس من شره ".

( رياض الصالحين ، باب الجهاد 1984، 365)

والآيات القرانية والاحاديث النبوية الشريفة مليئة بأسلوب الحوار والمخاطبة. واخترت ذلك بالدليلين المذكورين أحدهما من الكتاب والآخر من السنة.

مبدا الحوار مع الابناء

### أهداف الحوار

بعد أن بينت معنى الحوار لغة وأصطلاحاً وأهميته في الكتاب والسنة وجدت أن الحوار هو أسلوب حضاري للتفاهم في بيان الرأي والرأي الآخر وبالحوار يتفهم المتحاورين وجهات نظرهم بعيداً عن أي أسلوب من أساليب العنف ويعد الحوار وسيلة وقائية وعلاجية له لأن الشباب هم الذين يمارسون العنف سواء على مستوى المدارس أو الجامعات لذلك أهتمت الحكومة عندما طرحت برنامجها " بالشباب على أنهم فرسان التغيير كما ارادهم جلالة الملك عبدالله الثاني بن الحسين – فهم على رأس أولويات الاصلاح الشامل بحيث تعهدت الحكومة على خلق وتعزيز ثقافة الحوار والديمقراطية في إطار من النهج المدروس " (1).

"منتديات الشباب للحوار الثقافة

الديمقراطية وزارة التنمية السياسية"

هذا وقد يكون كخطوة أولية في هذا المجال ، هو إقامة منتديات الحوار والثقافة الديمقراطية في مختلف المواقع إلتى يتواجد فيها الشباب كالجامعات والمدارس وجعلها حدثاً مميزاً في المسيرة الوطنية .

وعلى هذا الأساس يكون في تنمية مشاركة الشباب في الحياة السياسية يعتمد على توافر قدر من الثقافة السياسية والتدريب على ممارسة الديمقراطية في مختلف شؤون الحياة والتعليم غير التقليدي بجميع جوانبة يمثل أساساً هاماً في بناء شخصية الشباب فمن الضرورة تنمية ثقافة الحوارفي المدارس والجامعات والتعامل مع الشباب ليس فقط المتلقى بل يجب تحويل فكرة إحترام الرأي والرأي الآخر إلى برنامج عمل بعيد عن التنظير والتلقين وبأسلوب يدفع الشباب إلى إعتماد المعلومه الصحيحه والموثقه .

وإن الشرط الأساسي لتحقيق مادة التربيه الوطنيه في الولاء والإنتماء والمواطنه الحقيقه التي أكد عليها جلالة الملك عبد الـلـه بن الحسين في خطابه التاريخي بعيد الجلوس وذكرى الثورة العربية الكبرى ويوم الجيش بقوله " إننا مستعدون لحماية هذا الوطن بدمائنا وأرواحنا " .

(جريدة الدستور العدد "15413" تاريخ : 2010/6/9)

وبهذه العباره المختصره والتي تعني بمضمونها الكثير الكثير من المواطنة الصالحه والإنتماء الحقيقي لتراب هذا الوطن وتعتبر هذه العباره بكل أهدافها تتمثل في جعل الطلاب فاعلين بشكل مباشر من خلال إثارة تفكيرهم وتحفيزهم على المناقشه وإبداء الرأي بالدفاع عن أي فكره تلمس ثرى هذا الوطن أو المساس به وبهذه الصيغه والعبارات تتحقق أهداف الحوار البناء في:

تطبيق مفاهيم الديمقراطيه بصوره عمليه من خلال الممارسه ،والإرتقاء بمستوى الوعي والإدراك عند الشباب وتمكينهم من بناء الذات وحل مشكلاتهم بطريقه منطقيه وتفكير سليم .

ترسيخ ثقافة الحوار وسلوكياته في المؤسسات التعليميه ليصبح أسلوبا للحياة ومنهجا للتعامل مع مختلف القضايا ،فالحوار يساهم في إثراء المعارف والأفكار، وإنضاج الأراء والنظريات ،وتقريب وجهات النظر .

إعطاء فرصه للشباب للتعبير عن وجهة نظره ، ومشاعره ومواقفه وإهتمامه من خلال وسائل إبداعيه وإبتكاريه .

- تقريب وجهات النظر.
- القضاء على الخلافات .
- خلق نوع جديد من الحوار بين الشباب، جاذب لهم وجذاب في الوقت نفسه.
- التربية على المواطنة وممارسة الديمقراطية.
- التحلي بروح المسؤولية والانضباط.
- تنمية الوعي بالحقوق والواجبات والموائمة بينهما.
- التأكيد على الهوية الوطنية .
- خلق ثقافة الولاء والانتماء.
- الخروج بتوصيات .

ومن خلال الإطلاع عن الصحف المحلية اليومية وما ينشر في وسائل الإعلام والفضائيات نرى الاهتمام بالحوار لإهمتية ولا ننسى في هذا المجال دور وزارة التربية والتعليم في غرس وتعزيز قيم الحوار في نفوس أبناءنا الطلبة . وذلك من خلال فلسفة وزارة التربية والتعليم في توفير البيئة الفكرية المناسبة لتعليم وتثقيف النشئ الجديد والمتسلح بالإيمان بالله واللوطن وبهويتنا العربية الاسلامية والمعتز بالقيم الحقيقية لديننا الاسلامي الحنيف بعيداً عن البغض والفكر والتكفيري والكراهية والعنف، وأنطلاقاً  من دور وزارة التربية والتعليم في تعزيز لغة الحوار ونشرها بين الطلبة فإن الوزارة ركزت على ذلك من خلال النوافذ التالي:

أولاً: الدستور الأردني :

يحفل الدستور الأردني بالعديد من مواده ونصوصه التي تحث على الحوار وإحترام الرأي والرأي الآخر والممارسة الديمقراطية السليمة.

وحفظ كرامة الإنسان والمساواة بين كافة المواطنين بغض النظر عن جنسه أو دينه أو لونه أو معتقده الفكري والسياسي، حيث في ظل الدستور يتساوى جميع المواطنين في الحقوق والواجبات التي تكرس المواطنة الصالحة لذا حرصت الوزارة على تضمين هذه المفاهيم في المناهج والكتب المدرسية لا سيما في مناهج التربية الوطنية والاجتماعية.

ثانياً : الوثائق والتشريعات التربوية وفلسفة التربية والتعليم وقانون التربية:

والتعليم رقم (3) لسنة 1994 حيث أكدت على ما اشتملت عليه نصوص وتشريعات ومرتكزات على أهمية الحوار  وتأكيدها كذلك على التعايش والتسامح وأحترام حريات وآراء الآخرين وأديانهم والبعد عن العصبية والطائفية والأقليمية والعنصرية وأحترام  الرآي والرأي الآخر ، كما أكدت على الأنفتاح على الحضارات والثقافات الآخرى والتفاعل معها بايجابية دون ذوبان يجتث الجذور أو أنغلاق يؤدي الى الجمود وأحترام حرية الآخرين وآرائهم بغض النظر عن اللون أو الجنس أو العرق أو الدين، وأحترام التعددية والتنوع كعامل إثراء وأغناء.

ثالثاً: الخطوط العريضة والإطار العام والنتاجات العامة والخاصة

أكدت الخطوط العريضة والأطار العام والنتاجات العامة والخاصة للمناهج والكتب المدرسية على ضرورة غرس ونشر قيم الحوار مع الذات والآخر ضمن ضوابط وأخلاقيات الحوار وآدابه وآلياته إيماناً منها بأهمية هذا المفهوم في حياة أبنائنا الطلبة وأهمية أكسابهم الطرق السليمة للوصول الى الحلول المناسبة عن طريق الحوار والنقاش والمناظرة بعيداً عن التعصب والعنف والإنفعال.

رابعاً: المناهج والكتب المدرسية:

فقد اشتملت المناهج والكتب المدرسية على العديد من الدروس والأنشطة والنصوص التي تركز على مفهوم الحوار وأهدافه وأهميته وفوائده وآدابه وآلياته إيماناً منها بأهمية هذا المفهوم في حياة أبنائنا الطلبة، وأهمية إكسابهم الطرق السليمة للوصول

إلى الحلول المناسبة. بهدف تزويد أبناءنا الطلبة المفاهيم والقيم والمهارات التي تنفعهم في حياتهم اليومية والمستقبلية، والتركيز على مهارات الاتصال والتواصل كضرورة املتها ظروف الحياة المعاصرة حيث اشتملت المناهج والكتب المدرسية، على عدد من الوحدات والدروس والنشاطات الصفية التي تؤكد على أهمية الحوار وآدابه وفوائده وقيمه الحضارية وتحليل هذه المضامين التي أكدت على أهمية الحوار واحترام كرامة الإنسان أياً كان دينه أو عرقه أو لونه أو فكره أو معتقده، وبيان القواعد الناظمة للسلوك الإنساني، وبيان الهجمه التي يتعرض لها العالم الإسلامي في هذه الظروف وما يمر به من أحداث عصبية وبيان مدى الهجمة الآن على الإسلام أكثر من أي وقت آخر، ومطالبة أبناء الأمة التعامل مع تلك الأحداث بعقلية مرنه وتفكير ناضج تستطيع من خلال الانفتاح على آفاق العصر ومعطياته المتجددة والدخول في حوارات جدية وهادفة وعلى مستويات متنوعة ليثبت أبناء الأمة جدارتهم وأهليتهم في صياغة حضارة إنسانية تسودها قيم الخير والحق والفضيلة وتبرز مبدأ التعاون والتسامح والتعايش والنظر إلى أن الاختلاف والتعددية والتنوع أمر طبيعي ومشروع بين البشر للوصول إلى قواسم مشتركة بين الثقافات والحضارات العالمية المختلفة.

كما حرصت وزارة التربية والتعليم على مواكبة المستجدات في مختلف مناحي العملية التعليمية التعلمية ومنها استراتيجيات التدريس والتقويم فركزت على استراتيجيات التعلم التعاوني بين الطلبة ولعب الأدوار والتي بدورها ستكسبهم آداب الحوار واحترام الآخر والممارسة الديمقراطية والعمل التعاوني والانفتاح والإصغاء للأخر.

خامساً: النشاطات الطلابية:

تلعب النشاطات الطلابية دوراً أساسياً في صقل شخصية الطالب وإكسابه العادات والمهارات التي تدفع باتجاه العمل مع الفريق وتفعل الحوار من خلال التجمعات واللقاءات والمنتديات الحوارية والطلابية والمخيمات الكشفية والإرشادية والمؤتمرات التربوية، والتي من أبرز أهدافها ومحاورها الرئيسية توثيق أواصر المحبة والأخوة والتسامح بين الطلبة المشاركين، وتشجيعهم على التعايش والتسامح في بيئة آمنه من خلال القيام بنشاطات ومهارات يشترك فيها الطلبة المشاركين، كما تهدف هذه اللقاءات والتجمعات الطلابية إلى تنمية وتشجيع العمل التعاوني والجماعي في جو من التسامح والتعايش وتوجيه الأنشطة الطلابية واستثمارها في محاربة الإرهاب والفكر التفكيري، وكذلك إتاحة الفرصة للحوار المتبادل واحترام وجهات نظر الآخرين والمحافظة البيئة، والعمل على التشبيك والتواصل مع المؤسسات الرسمية والشعبية ذات الصلة: المجلس الأعلى للشباب، ووزارة التنمية السياسية، ووزارة الثقافة، وغيرها كما تم تنفيذ عدة أنشطة وطنية وعربية وعالمية تتناول رسالة عمان ومراميها الدينية والإنسانية والحضارية وتنفيذ العديد من المشاريع والبرامج والأنشطة والمؤتمرات والأندية الطلابية، التي تكسب الطلبة مهارات التواصل الإنساني وقيم الوسطية والاعتدال والتسامح ونبذ العنف والتطرف والانغلاق، التي تجعل من الطلبة فاعلين ومنغمسين وصناع حدث في هذا الموضوع، بدلاً من أن يكونوا موضوع حديث، وتدريب الطلبة على أصول العمل الديمقراطي والممارسة الديمقراطية.

سادساً: خطة النهوض الوطني:

**تنتهج وزارة التربية والتعليم وضمن فعاليات خطة النهوض الوطني، العديد من البرامج والأنشطة ذات الصبغة الحوارية، مثل الحرص على إقامة وتأسيس البرلمانات والمنتديات والملتقيات والمؤتمرات الطلابية، بحيث يشارك بها أبناؤنا الطلبة فعلياً، ليصبحوا فاعلين في الحدث وليسوا موضوع حديث، حيث تنفذ الوزارة وبشكل مستمر طيلة العام الدراسي عدداً من البرنامج والأنشطة الطلابية التي تركز على الديمقراطية والتعددية وحقوق الإنسان. ومناقشة مضامين رسالة عمان، وتحليل خطب جلالة الملك عبدالله الثاني بن الحسين، وذلك من أجل تدريب الطلبة على أصول الممارسة الديمقراطية والعمل البرلماني وتدريبهم على حل المشكلات عن طريق الحوار الهادف البناء، في أجواء آمنه بعيداً عن الانفعال والتزمت والانغلاق، ونشر وتعزيز الثقافة السياسية بين الطلبة والمواطنة الحق التي توازن بين الحقوق والواجبات، حيث تعمل الوزارة حالياً على إنشاء برلمانات طلابية على مستوى المدارس والمديريات والوزارة.**

سابعاً: التدريب والتأهيل:

**إيماناً من وزارة التربية والتعليم بأهمية التدريب والتأهيل لجميع كوادر الوزارة وخاصة فئة المعلمين الذين يشكلون القدوة المثلى لأبنائنا الطلبة فقد تم تضمين الدورات التدريبية مبادئ ومفاهيم تركز بأساليبها ومضامينها على مفهوم الحوار وأهميته في الوصول إلى النتائج والمخرجات التعليمية.**

الرفق لغة :

ضد العنف والشدة،ويراد به اليسر في الأمور والسهولة في التوصل إليها، وأصل الرفق في اللغة هو النفع ،منه قولهم :أرفق فلانا إذا مكنه مما يرتفق به، ورفيق الرجل، من ينتفع بصحبته، ومرافق البيت :المواضع إلتى ينتفع بها نحو ذلك (1) .

ويقال : رفق –به ،له ،وعليه –رفقاً :لان له جانبه وحسّن صنيعه (2) .

أصطلاحاً : هو خلق أسلامي ومنع يدعو إلى اللين واللطف في التعامل .

والذي يعنينا من الرفق هنا ، ما يحمل لنا معاني اللين واللطف والسهولة واليسر ،لما لها من دور مهم في حياة المؤمن ، وما يضطلع به من مهام وأدوار في حركته الواعية بين شرائح وعينات المجتمع بكل أشكالها ،وما لها من لبوس وحسن جميل يدل على حسن وجمال سريرة المتلبس به،وإستقامة ذاته ،واعتدال تصرفاته،إذ ان الرفق ليس مستهدفاً للغير في مهمته وتأثيرته فحسب،بل هو من يبدأ من الذات ليشمل غيره من الأفراد والمجتمعات، ويوصل إليها رسالة التكافل الإجتماعي بأبهى صوره .

وقد أكد الإسلام العزيز على هذه السجية الفاضلة والخصلة النبيلة ليمارسها.

بينات كثيرة ومتعددة الألفاظ،داعياً اتباعه وحملة همومه وأهدافه لى التحلي بها وتجسيدها في أرض الواقع العملي لتؤدي إلى الأهداف المطلوبة والغايات المرغوبة بعيداً عن العنف والشدة .

والجدير ذكرة أن الذي صنعه الإسلام على العنصر الآخلاقي بجميع أركانه ومظاهره،كالصدق والأمانه والبر والإحسان والرفق والعفو والرحمة والسلام والحب وغير ذلك،أنما هو على نحو التقرير والتنظيم والإحياء والإنتماء ،لا على الفرض العلوي المتعالي على الطبيعة البشرية ،ذلك لأن العنصر الأخلاقي عنصر فطري ثابت إلتى فطر الـلـه عليها عباده، ولا تبديل لخلق الـلـه فمنها أحتالت الأفراد أو الشعوب في زمن من الأزمان لأجل قلب القيم وتجاهل أصالتها فإنها لا تستطيع أن تدعو بوضوح إلى اشاعة الكذب والخيانة والخسّة والدناءة،حتى ولو كانت تمارس ذلك بالفعل ، وليس ذلك إلا لإن للمبدأ الأخلاقي أصالة في الفطرة الإنسانية.

الرفق في القران الكريم !!

حث القران الكريم على إعتماد الرفق خياراً مبدئياً في نهج الدعوة إلى الأسلام،واعتبره ركناً وأساساً مهما يقوم علية صرح الهدى الرسالي للفكر والعقيدة الحقة إلتى دعى إليها جميع الأنبياء والمرسلين (عليهم السلام) ،ولقد تعددت لغة الخطاب القراني لتمتلئ بها كل الآفاق إلتى يمتد إليها الرفق في معاينه واسعة وغاياته البعيدة.. وسوف نصف هنا الآيات الواردة في الرفق بحسب مواردها، على نحو الآتي الآيه الاولي: ( اللين والعفو) والتسامح والأولى بتطبيق هذه الفضائل هو المعلم والطالب في المؤسسات التربوية .

خاطب الـلـه سبحانه نبيه الأكرم محمد(صلي الـلـه عليه وآله وسلم) قائلاً( فبما رحمة من الـلـه لنت لهم ولو كنت فظا غليظ القلب لانفضوا من حولك فاعف عنهم واستغفر لهم وشاورهم في الأمر فإذا عزمت فتوكل على الـلـه ) (1) . وبما أن المعلمين بمهنتهم

يحملون رسالة الأنبياء في العلم وتعليم الطلاب يجب عليهم أن يتصفوا بالرفق البعيد عن العنف ليستطيعوا توصيل رسالتهم على اكمل وجة.

أي تسامحك معهم يوجب دخولهم في الدين، لأنك مع سماحة أخلاقك وكرم سجيتك بالحجج والبراهين

فلولا هذا الرفق الذي إعتمده الرسول مع من أرسل إليهم لما تمكن من استقطاب الناس حول رسالته ،إذ أن الفضاضة والغلطة المناقضة للرفق واللين إذا ما اعتمدت خياراً منهجياً في التبليغ والدعوة إلى الحق فإن مردودها سيكون عكسيا،لايثمر استقطاب الناس حول ذلك الحق وأن كان ابلجاً ،بل على العكس من ذلك ،سيعمل على التنفير وانفضاض الناس من ساحة ذلك القطب الهادي والمنار الواضح ،فالناس في حاجة إلى كنف رحيم وإلى رعاية فائقة ،وإلى بشاشة سمحة ،وإلى ود يسمعهم وحلم لا يضيق بجهلهم وضعفهم ونقصهم،في حاجة إلى قلب كبير يعطيهم ولا يحتاج منهم إلى عطاء ويحمل همومهم ولا يعنيهم بهمه،ويجدون عندة دائماً الاهتمام والرعاية والعطف والسماحة والود والرضا .

وتعميقاً لروح الرفق واللين إلتى يريدها الله جل شأنه في الدعوة إلى الحق ،جاء التأكيد في نفس تلك الآية المباركة على ما يجسد حالة الرفق واللين العملي بين يدي المؤمنين، في جملة مكارم الأخلاق التي اهتم الإسلام بتحقيقها على النحو الأكمل وإشاعتها بين الناس، فهي تأمر بالعفو لمن يسيء والغفران لمن يخطئ، ليتجلى الرفق ويظهر اللين في حركة التغيير والصلاح على منهجية المبلغ الرسالي (فاعف عنهم واستغفر لهم) ، والأولى لهذا الرفق أن يستخدمه المعلم إتجاه طلابة لآنه بمثابة الأب كما

**وصفة جلالة الملك عبد اللـه الثاني بن الحسين في خطابة بمناسبة عيد الجيش ويوم الاستقلال.**

مجمع البيان 869:2

**ولمزيد من الرفق أمرت هذه الآية الرسول الآعظم (صلى اللـه علية واله وسلم)- ومن يقتدي به من باب أولى- أن يشاور أولئك الذين صدر عنهم الفرارمن الزحف وتركوا رسول اللـه (صلى اللـه عليه وآله وسلم) في الميدان مع نفر قلائل من أصحابه،فقال عز وجل (شاورهم في الأمر) وبعد ذلك يمضي ما يراه الأصوب في ذلك(فإذا عزمت فتوكل على اللـه) والآية إذن تضرب على وتر الرفق بكل أبعاده لينشد أنغامه القدسية في هذه الحياة، وليصنع الآثر الذي يريده اللـه تعالي في درب التكامل البشري من خلال رسالته السامية.**

ويحضى الأمر باللين والرفق والرحمة في هذا الموضعة بالذات بوقع خاص يجلي أهمية هذه القيم على نحو قد يظهر موضع آخر.. إذ جاء ذلك على آثر مخالفة المسلمين أمر رسول اللـه (صلى اللـه عليه واله وسلم) يوم أحد ،تلك المخالفة إلتى أدت إلى أسوأ النتائج إذ بمداهمة العدو، فلم يجدوا في أنفسهم ثباتاً، فانقلبوا منهزمين يلوذون بالجبل، وتركوا النبي(صلى اللـه عليه وآله وسلم) مع نفر من أصحابه، حتى أثخنته الجراح وكسرت رباعيته وشج وجهه، وهو صامد يدعوهم فلم يفيئوا اليه حتى أنكشف العدو، فلما رجعوا لم يعنفهم ولم يسمعهم كلمة ملامة ولا ذكرهم بأمره الذي خالفوه فتحملوا بخلافهم مسؤولية كل ما وقع" بل رحب بهم وكأن شيئا لم يكن، وكلمهم برفق ولين، وما هذا الرفق واللين، إلا رحمة من اللـه بنبيه..وإذا مدح اللـه نبية بكظم

الغيض والرفق بأصحابه على اساءتهم له، أن يعفو الـلـه ويصفح عن عبادة المسيئين ..ثم بين سبحانه الحكمة من لين جانب نبية الكريم (صلى الـلـه عليه واله وسلم) بخطابه له لقوله تعالى: (ولو كنت فظا غليظ القلب لانفضوا من حولك)

أن المقصود من بعثة الرسول(صلى الـلـه عليه واله وسلم) هداية الخلق إلى الحق ، وهم لا يستمعون إلا إلى قلب رحيم كبير كقلب محمد( صلى الـلـه عليه واله وسلم) الذي وسع ،كل الناس وما ضاق بجهل جاهل أو ضعف ضعيف .(1) .والمعلم عندما يعلم طلبته عليه أن يكون قدوة في اخلاقة وتصرفاته ،لين القلب وسميح الوجه بعيداً عن الشدة والعنف حتى يقبل عليه طلابة بكل بهجه وسرور .

الآية الثانية: (خفض الجناح )

(واخفض جناحك للمؤمنين) وخفض الجناح كناية عن اللين والرفق والتواضع

أى ألن لهم جانبك وارفق بهم ،والعرب تقول:فلان خافض الجناح إذا كان وقوراً حليماً والمعنى: تواضع للمؤمنين لكي يتبعك الناس في دينك (4) . والتعبير عن تلك المعاني بخفض الجناح تعبير تصويري يمثل لطف الرعية وحسن المعاملة ورقة الجانب في صورة محسوسة على طريقة القرآن الفنية في التعبير . وفي هذه الآية الكريمة تعبير آخر عن الرفق واللين واللطف واليسر، التي يحرص القران المجيد على أن يتخلق بها حملته ومبلغوا تعاليمه ، وقد خوطب بها الرسول الأكرم (صلى الـلـه عليه وسلم) ـ وهو الذي يشهد له القران بقوله تعالى: (وإنك لعلى خلق عظيم ) (5) .وقوله سبحانه (لقد جاءكم رسول من أنفسكم عزيز عليه ما عنتم حريص بالمؤمنين رؤوف

رحيم)(1) . وهو الذي يقول لاصحابه"أن أحبكم إلى يوم القيامة وأقربكم مجلساً أحسنكم أخلاقاً ،الموطئون أكنافاً الذين يألفون ويؤلفون"(2) .فاذا كان الرسول الأعظم (صلى الـلـه عليه وسلم) قد خوطب بمثل هذا الخطاب(وأخفض جناحك للمؤمنين) فمن باب أولى أن يقتدي المؤمن بتلك الأخلاق العالية والتحلى بها، تجسيداً لقوله تعالى(لقد كان لكم في رسول الـلـه أسوة حسنة) .

وخفض الجناح في الآية المباركة وأن كان كناية عن التواضع والرفق واللين،إلا أنه ينطوي على معاني أخرى رفيعة تتدفق بالمودة والرأفة والتسامح ونظائر ذلك من مكارم الآخلاق إلتى لو وجدت طريقها في نفوس المؤمنين وغرست في قلوبهم لمارسوا عملية الإنفتاح على الأخرين بأتم وجه، واقتطفوا ثمار سعيهم في إعلاء كلمة الحق،برد الفعل المناسب من الإنفتاح عليهم وقبول طرحهم .

وفي السياق ذاته يتقدم هذا الخطاب الجميل خطاب آخر له جرس آخر ووقع ذلك قوله تعالى (فاصفح الصفح الجميل) .

وهو العفو من غير عتاب، وبما أن هذه الآيات من صفات المؤمنين يجب أيضاً أن تكون من صفة المعلمين والطلاب في المدارس والجامعات وبهذه الأخلاق الكريمة تسود المودة والرحمة في مؤسساتنا التربوي بحيث تكون بعيدة عن العنف والشدة والبغضاء والانفعال فيسعد الوطن ويعم الخير على الجميع وتحقق الأهداف وترقى الشعوب وتزدهر الأوطان .

و في نهاية هذا الموضوع أوصي بما يلي :

- إقناع إدارة المدرسة والمعلمين اقناعاً تاماً بدور الأنشطة المدرسية والتربوية ودورها الفعال في تحقيق ما تعجز عنه الكتب المدرسية في إيجاد البيئة المدرسية الآمنة والبعيدة عن العنف .

- اختيار المعلمين المتميزين المشهود لهم بالخبرة والجدية في العمل للإشراف المباشر على الأنشطة المدرسية ولجان الأنشطة المختلفة .

- توفير الأمكانات المادية والتجهيزات التربوية اللازمة لممارسة الأنشطة التربوية وتوفير الدعم المالي لها .

- ارسال المعلمين في دورات تدريبية والمشرفين على الأنشطة لتأهيلهم تربوياً وعلمياً لأداء هذه المهمة، ولتوعيتهم أمنياً.

- تشجيع جميع الطلبة بالمشاركة في هذه الأنشطة بحيث لا تكون حكراً على فئة دون الأخرى في المدارس والجامعات.

- ربط الأنشطة التربوية بالواقع الذي يعيشه الطالب بالمناهج المدرسية المقررة وبالآحداث والتغيرات التي تجرى في البيئة الذي يعيش بها:

- وضع خطة تربوية للانشطة المدرسية بحيث تكون خطة شاملة مع بداية العام الدراسي توضح فيها كيفية أستغلال الأنشطة التربوية في تنمية الوعي لدى الطلبة حول البيئة المدرسية الآمنة.

- وضع شعار البيئة المدرسية الآمنة مسؤولية الجميع وأعتبار الطالب شريك في هذه المسؤولية.

- تقوية العلاقة التواصل مع المجتمع المحلي للاستفادة من خبرات المجتمع وإمكانياته لتنفيذ هذا الشعار .

- الحد من مظاهر العنف المدرسي عن طريق غرس الأخلاق الفاضلة في نفوس الطلاب والعمل على تعديل السلوك غير المرغوب فيه.

- وضع خطة واضحة لمواجهة الأزمات الطوارئ التي قد تتعرض لها المدرسة مثل العنف، الحريق الزلازل حوادث المرور.

- التوسع في تعزيز مفهوم الحوار مع الآخر في مختلف الأنشطة والبرامج والفعاليات لوزارة التربية والتعليم وخاصة في المناهج والكتب المدرسية مثل مناهج التربية الاجتماعية والوطنية والتربية الإسلامية واللغة العربية.

- مواجهة الجمود والتخلف والانغلاق، وإظهار مساوئها على أبناءنا الطلبة بكافة الأشكال، وعبر العديد من النشاطات في وزارة التربية والتعليم.

- إن الحوار مع الآخر مطلب ومرتكز أساسي من متطلبات الحياة العملية. وبواسطته يتم التفاعل مع الآخر ومعرفة وجهة نظره ومحاولة التقارب بينها للبعد عن العنف.

- تفعيل كل من شأنه أن يرفع من قيم الحوار وآدابه بين أبنائنا الطلبة، عبر المحاضرات والندوات والمنتديات الطلابية التي من شأنها أن تكسبهم قيم واحترام الرأي والرأي الآخر.

- الاستمرار في تعزيز قيم الحوار ومفاهيم الوسطية والاعتدال ومحاربة التطرف والارهاب والانغلاق والتبعية والعنف. في المناهج والكتب

المدرسية وتفعليل ذلك على الواقع التربوي على شكل أنشطة وممارسات تعتمد أسلوب الحوار البناء وحل المشكلات والممارسة الديمقراطية.

الخاتمة:

إن تأصيل الفكر المستنير عند أبناءنا الطلبة مسؤولية دينية ووطنية مشتركة تتكامل فيها جهود كافة المؤسسات على مختلف اختصاصاتها بدءاً من المؤسسات التربوية (المدرسة) والمؤسسة الدينية ومختلف المؤسسات الوطنية والتعليمية والاعلامية التي من شأنها أن تصقل شبابنا وأبناءنا الطلبة لما يحميهم من التبعية والانغلاق، ويصون كرامتهم ويحفظ حقوقهم على مرتكزات وثوابت أصيلة.

وعليه فإنه من الضروري الاستمرار في تنمية ثقافة الحوار في المؤسسات التربوية وترسيخها على مستوى المدرسة، من خلال أندية الحوار والنشاطات المدرسية والتعامل مع الشباب بصفتهم محور العملية التربوية، كما يجب تحويل فكرة احترام الرأي والرأي الآخر إلى برنامج عمل بعيداً عن التنظير والتلقين، وبأسلوب يدفع أبناءنا في المدارس والجامعات وكافة المؤسسات التربوية إلى اعتماد المعلومة الموثوقة، وتمكينهم من امتلاك الأدوات والمهارات المعرفية والعقلية، التي تمكنهم من الحكم على الأشياء من منظور متوازن مبني على قناعات منطقية.

# المراجع


1. إبراهيم أنيس ورفاقة المكتبة الإسلامية للطباعة و النشر ص922 ،923
2. ابراهيم الطخيس 136- ( 1984 ) دراسات في علم الاجتماع الجنائي ، الرياض : دار العلوم للنشر والتوزيع .
3. ابراهيم ناصر أسس التربية ،عمان دار عمار لنشر زتوزيع ط3 ،1994 ص284
4. ابي زكريا يحي بن شرف النووي الدمشقي 631 - 676 مؤسسة الرسالة - بيروت ط2 1984 ، 365 .
5. أحمد حسين الصغير ،الأبعاد الأجتماعية والتربوية لظاهرة العنف الطلابي بالمدارس الثانوية(دراسة ميدانية عن بعض المحافظات للصعيدة ) محلة كلية تربية سوهاج ،جامعة جنوب الوادي العدد الثالث عشر ص 243ـ 276 .
6. احمد حسين الصغير ( 1998 ) -202 ومحمود الخولي 2008-85 الأبعاد الاجتماعية والتربوية لظاهر العنف الطلابي بالمدارس الثانوية ( دراسة تحليلة ميدانية عن بعض المحافظات للصعيد ) ، مجلة كلية تربية سوهاج، جامعة جنوب الوادي ، العدد الثالث عشر .
7. احمد زكى بدوي معجم مصطلحات العلوم الاجتماعية ،مكتبة لبنان 1978 ص441
8. احمد بن فارس بن زكريا ابو الحسن ، مقاييس اللغة . 5226 .
9. اندرية جلو كسمان 2000 - 37 ( 2000 ) : عالم التليفر يونا بين الجمال والعنف، ( ترجمة وصية سهان عبد الميسح ) القاهرة : الهيئة العامة لشؤون المطابع الاميرية ص 37 .
10. اودنيس العكره:الموسوعة الفلسفية العربية معهد الابحاث الغربي المجلد الاول 1986 س
11. تقي الدين احمد بن تيمية ، الفتاوى الكبرى ، ج 6 - 22 .
12. حامد عبد السلام زهران 215- ( 1993 ) علن نفس النمو، القاهرة ، عالم الكتب ص 215 .
13. حسن شحاته النشاط المدرسي مفهومة وظائفه وفي لانه تطبيقية ط 2 ، القاهرة مكتبة الانجلو المصرية 1992 - 20
14. حسن شحاتة ( 1992 ) - 20 النشاط المدرس : مفهومة ، وظائفه ، ومجالات تطبيقه ، ط 2، القاهرة الدار المصرية اللبنانية ص 20 .
15. الحسن بن عبد الله بن سهل العسكري ، الفروق في اللغة 249 .

16. حمدي عبد الحارس نجي وسيد سلامة ابراهيم ( 1999 ) : الخدمة الاجتماعية الدراسية ، التربوية ، القاهرة : المكتب العلمي للكمبيوتر والنشر والتوزيع ص3 .
17. حمدي عيد الحارس البخشوني: الخدمة الاجتماعية التربوية ،القاهرة ،المكتب العلمي للكمبيوتر والنشر والتوزيع 1999 ص 30
18. الراغب الاصفهاني ، المفردات - 543 .
19. سليمان عرفات عبد العزيز ضحاريالادارة التربوية الحديثة القاهرة مكتبة لا يخلو المصرية 1998
20. السيد عبد الرحمن الجندي ( 1999 ) 12-13 .
21. السيد عبد الرحمن الجندي 12-( 1999 ) دراسة تحليلة ارشادية لسلوك العنف لدى تلاميذ المدارس الثانوية : مجلة الارشاد النفسي ، جامعة عين شمس العدد الحادي عشر ص 12 .
22. عادل عز الدين الاشول ( 1987 ) -339 : علم النفس الاجتماعي، القاهرة : الانجلو الموجه ص 339.
23. السدحان - عبد الـلـه بن ناصر ندور الانشطة التربوية ووقاية الشباب من الانحراف مدخل مجلة البحوث
24. عبد الناصر حريز 1996 - ص47 - 51 ( 19996 ) الارهاب السياسي ( دراسة تحليلة ) القاهرة : مكتبة مدبولي .
25. عزت 1999-11 ( 1999 ) دور النشاط المدرسي في التربية السياسية لطلاب المرحلة الثانوية دراسة ميدانية ، رسالة ماجستير غير منشورة ، كلية البنات جامعة عين شمس ص 11 .
26. عزت عبد المجيد عبد الحميد، (1999) دور النشاط المدرسي في التربية السياسية لطلاب المرحلة الثانوية دراسة ميدانية رسالة ماجستير غير منشورة بكلية البنات جامعة عين شمس
27. غبور أماني السيد،الانشائية الطلابية بالجامعة الامريكية بالقاهرة دراسة رسالة ماجستير غير منشورة ،كلية التربية ،جامعة المنصورة 1997
28. غيور اماني السيد 60 - ( 1997 ) الانشطة الطلابية بالجامعة الامريكية بالقاهرة دراسة وصفية رسالة ماجستير غير منشورة كلية التربية ، جامعة المنصورة ص 20 .
29. فهمى توفيق مقبل، النشاط الدراسية،دار المسيرة ،بيروت ط، ، 1987 ص 21
30. فهمي توفيق 1987 - 21 .
31. فوزي أحمد بن دريدي: العنف لدى التلاميذ في المدارس الثانوية : الجزائرية، الرياض، جامعة نايف العربية للعلوم الأمنية. (2007)
32. فوزي احمد بن درديري ( 2007 ) - ص 25 - 36 العنف لدى التلاميذ في المدارس الثانوية الجزائرية ، الرياض جامعة نايف الغربية للعلوم الامنية ص 25 -36.
33. ف . لينين - مؤلفات ، جزء 29 - ص 334 .
34. ف . لينين مؤلفات جزء 29 ص 478 .

35. مجدي احمد محمود ( 1996 ) العوامل المجتمعية المؤدية للعنف في بعض مدارس القاهرة الكبرى، مجلة الدراسات الاجتماعية، العدد الثالث والرابع، المجلد الثاني 1-38 .

36. محمد أيوب شحيمي:دور علم النفس في الحياة الدراسية ،بيروت ،دار الفكر اللبناني 1994ص 40 ــ 41

37. محمد ايوب شحيمي ( 1994 ) ظك 40-41 دور علم النفس في الحياة الدراسية ، بيروت : دار الفكر ص 40-41 .

38. محمد جواد رضا: ظاهرة العنف في المجتمعات ،مجلة عالم المعرفة المجلد الخامس،العدد الثاني عشر 1974 صـــ155

39. جواد رضا 155- 974-185 ( 1974 ) : ظاهر العنف في المجتمعات ، مجلة عالم المعرفة ، المجلد السادس ، العدد الثاني عشر ص 185-155 .

40. مصطفي محمد الصيفي،البيئة الاسرية والبيئة الصحية وغير الصحية وعلاقة كل منهما بالمخاوف المرقية لدى التلاميذ المرحلة الابتدائية من الجنسين محلة التربية المعاصرة، العدد التاسع والثلاثون السنة الثانية عشر1995 ص217 ــ 261 .

41. مصطفى محمد الصنفي 1995 – 267 ( 1995 ) : البيئة الاسرية والبيئة المدرسية الصحية وغير الصحية وعلاقة كل منها بالمخاوف المرضية لدى التلاميذ في المرحلة الابتدائية من الجنسين ، مجلة التربية المعاصرة العدد التاسع ولاثلاثون السنة الثانية عشر .

42. محمود سعيد الخولي العنف في مواقف الحياة اليومية نظامات وتفاعلات،ط ، طنطا :دار الأسراء للطبع والنشر والتوزيع (2006 – ج )ص 87 .

43. محمود سعيد الخولي المناخ المدرسي وعلاقته بمستوى ومظاهر العنف لدى طلاب المرحلة الثانوية ،رساله ماجستير ،كلية التربية جامعة الزقازيق ، 2006 < 6-8> وانظر العنف المدرسي ج2 ص 90

44. محمود سعيد الخولي 2006 – ج8 ( 2006 ) العنف في مواقف الحياة اليومية نطاقات وتفاعلات، ط12 طنطا دار الاسراء للطبع والنشر والتوزيع .

45. محمود سعيد الخولي 2006 د -7-8- العنف الدرسي لاسباب وسبل المواجهة ط1 القاهرة الانجلو المصرية 2008 ص 88 .

46. يحي حجازي وجواد الدوري ( 1998 ) العنف المدرسي موقع كل مشكلة الانترنت -at : www.amanjordan.org.pp.1 11

47. يوسف وهباني 2007 .

48. أبن منظور،تسان العرب ،بيروت للطباعة والنشر ص257

49. مجلة البحوث الآمنية ،تصدر عن مركز البحوث والدراسات بكلية الملك فهد الآمنية/مجلد 14 العدد 32

50. موقع الانترنت

51. رسالة المعلم مجلد 48 العدد الثالث كانون الثاني 2010 ص56 فائده أبو دلو مدرسة اجنادين
52. المعجم الوسيط
53. رسالة المعلم /المجلد 34 /ايلول- 1993 ص289
54. دليل الاعتماد الوطني للمدارس الصخحية ص47
55. قاموس اكسفورد
56. محمد الكساسبة ، فهد – 2010 .
57. المقياس لا فاري 6 – 52 .
58. الفروق في اللغة 8249 .
59. المفرادات في اللغة – 43 .
60. دليل برنامج الاعتماد الوطني للمدارس الصحية 47 .
61. .Purkey 1999
62. Purkey , William waston ( 1999 ) : creating safe schools through invitational. Erlcdigests, erlc cleaving house ou comn seling and student services qreen sboro nc, erls ldentifier : ed435946.وانظر مجلة البحوث الامنية العدد 32 يناير 2006 ص 103 .
63. جريدة الدستور الاردنية .
64. مجلة البحوث الامنية العدد 32 ص 91 ذو الحجة 1426هـ / يناير 2006 ص 32-91 .
65. الشباب والحوار مع الاخر 2009 – 262 اوراق عمل المؤتمر الوطني للشباب الاردني الذي نظمه المجلس الاعلى للشباب خلال الفترة من 21- 22 اذار ص 262 .
66. منتديات الشباب للحوار والثقافة الديموقراطية . وزارة التنمية السياسية .
67. مجمع البيان 2 – 869 .

# محتويات الكتاب

## الفصل الأول....7

## الفصل الثاني......47

## الفصل الثالث.....143

## الفصل الخامس......201

Printed in the United States
By Bookmasters

T0300967